梁啓超 著

飲冰室合集

專集

第二十册

中華書局

飲冰室專集之九十五（上）

桃花扇註（上）

一　著者略歷及其他著作

桃花扇的著者云亭山人．姓孔．名尙任．字季重．號東塘．又號岸堂．山東曲阜人．孔子六十四代孫．淸康熙間官至工部員外郎．

他沒有什麼年譜家傳墓志銘等類流傳下來．並時名人的文集筆記提到他的也不多．所以我們想研究他一生事蹟．材料很苦缺乏．他著有湖海樓集．但我未得見．只有昭代叢書裏頭收著他所著的一部出山異數記．專記淸聖祖東巡時他所受的知遇．雖不過他全生涯中一小段落．我們也還可以從那裏得著些別方面的資料來．

我們知道他生於淸順治五年．還知道他的生日是九月十七日．據出山記所說．康熙二十三年．他三十七歲．循此上推．知道他的生年是順治五年卽西曆一六四八．本書末齣餘韻裏頭老贊禮道白云．

『今乃戊子年九月十七日．是福德星君降生之辰．我到神祠祭賽．』

底下神絃曲的歌詞云.『新曆數.順治朝.五年戊子.九月秋.十七日。嘉會良時.……我與爾.較生辰.同月同日.……』

本書中的老贊禮爲云亭自己寫照.原本眉批上早已說過.——眉批是云亭經月寫定的.可見云亭是和財神老同一天生日.餘韻那一齣原本在題目下注『順治戊子九月』字樣.當然是借來點出自己的生年月日了.他的卒年無可考.但本書卷首有戊子三月一序.戊子爲康熙四十七年.云亭六十一歲了.因此我們知道他最少也壽過六十.

云亭山人——本作「雲亭」「云」乃「雲」之古文。——這箇號是從所居之地而得的.出山記說.

『任以魯諸生讀書石門山中.山在少昊陵直北四十里.古曰雲山.……多洞壑及清泉佳木.相傳古之晨門吏隱於茲.唐張叔明亦魯諸生也.卜宅其麓.杜子美有訪張氏隱居詩.又有與劉九法曹鄭瑕丘石門晏集詩.李太白亦有魯城東石門送杜甫詩.皆其處也.任誅茅疊石.結廬其中有年。』

他「雲亭」這箇號.大概是取自古之雲山了.讀這一段.可見他從小性情恬逸。躭樂幽靜的自然之美.又常有「望古遙集」之思.

他頭一部著作是孔子世家譜十卷。我家裏藏有貽印朱本。查卷數蓋衍聖公滿漢文大印。題

『太子少師六十七代襲封衍聖公孔毓圻鑒定。

太學生六十四代孔尚任編次。』

可見這書是雲亭一手著成的了。據出山記說。康熙壬戌（二十一年）春間。孔毓圻把他從石門山請出來。委以此事。到甲子（二十三年）秋間纔編成。這部書大部分是漢以後孔家的傳記譜牒。我們只看見他搜羅宏富。不能知其別裁何如。但專就卷一的孔子年譜看。取材極嚴。對於讖緯及僞家語僞孔叢所記全部屏棄。對於史記孔子世家也訂正許多錯誤。在考證學未盛行以前。如此潔淨精到的著作。也眞算難能可貴了。

云亭又夙精音律。當修家譜的兩年間。一面『董督工師重造樂器及祭器。』『選鄒魯子弟秀者七百人教以禮樂。』本書第一齣說。『可詠可歌。正雅頌豈無庭訓。』可見他的音樂是很自負了。

他把家譜和樂器都編製成功。正想還山。恰值淸聖祖東巡謁孔林。族人又留他襄祀事。禮成之後。聖祖又命『在孔氏子弟中選取博學能讀書人員撰次應講經義進呈。』族中推出兩人。云亭居首。他進講稱旨。極蒙溫奬。聖祖參觀庭陵古蹟。他隨侍應對。博贍翔實。聖祖回京。卽超擢他以一諸生授國子監博士。是爲他入官之始。實康熙三十二年甲

子十二月初一日．出山異數記卽紀載此事始末．本書第一齣先聲題『康熙甲子八月』字樣．想是含有紀念他造樂器告成的意思．

以後他由國子監博士轉戶部主事．又升工部員外郎．升轉年月難確考了．但知道他做戶部主事係在康熙二十七年十月以前．因爲昭代叢書裏頭還有一部人瑞錄．卽那年各省七十以上的長壽人民統計表．係他在戶部時著的．又據始末漫述．知道他以康熙三十九年四月棄官．他的吏隱生涯大概前後凡十五年．

這十五年的生涯怎麼樣呢．他雖以「異數」得官．聲華籍甚．卻不肯往熱路上趕．依然是石門山中窮書生的面目．他自述道

『僑寓在海波巷裏．
掃淨了小小草堂．藤牀木椅．
窗外見竹影蘿陰．濃翠如滴．
偏映著瀟灑葛裙白紵衣．
雨歇後湘簾卷起．
受用些清風到枕．涼月當階．』
（小忽雷傳奇卷首題詞）

他雖淡於榮利．卻生成有好古之癖．

『喜的是殘書卷．愛的是古鼎彝．月俸錢支來不勾一朝揮．』（同上）

他收藏古董很不少．內中最有名的是唐朝古樂器「小忽雷」這件樂器的來歷．南部新書樂府雜錄裏頭曾有記載．但歷代詞人墨客．久已不知此物尚在人間了．康熙三十年．云亭做戶部主事時．無意中得著他．桂未谷（馥）晚學集記其事云

『唐文宗朝．韓滉伐蜀．得奇木．製為胡琴二．名曰大小忽雷．女官鄭中丞善其小者．以匙頭脫．送崇仁坊南趙家修理．「甘露」之變．不復問．中丞以忤旨縊投於河．權德輿舊吏梁厚本在昭應別墅援而妻之．因言小忽雷在南趙家．使厚本贖以歸．花下酒酣彈數曲．有黃門放鷂子牆外．竊聽．曰「此鄭中丞琵琶聲也」達上聽．宣召赦其罪．康熙辛未．孔農部東塘於燕市得之．……下有「小忽雷」篆書鏃銀字．項有「臣滉手製恭獻建中辛酉春』正書十一字．……東塘有客樊裬能彈之．言忽雷本馬上樂．又名二絃琵琶．調多不傳．今但知黃鐘變調耳．』

云亭亦自記云．

『唐文宗朝兩忽雷．……康熙辛未．予得自燕市．乃其小者．質理之精．可方良玉．雕鏤之巧．疑出鬼工．今八百餘年矣．頻經喪亂．此器徒存．而竟無習之之人．俗藝且然．傷哉後之欲聞韶樂者．』（見小忽雷傳奇卷首）

他正在發感慨說『無習之之人』呵呵．不久也有了．他又記道．

『鄴城樊花坡．彈琵琶得神解．偶示以小忽雷．入手撫弄．如逢故物．自製商調梧桐雨霜砧二曲．碎撥零挑．觸人秋思．』（同上）

『向風塵拾得這稀奇貨．』（小忽雷傳奇第六齣原句）

風雅的云亭山人．歡喜可想了．他當時做得兩首絕句道

『古塞春風遠．空營夜月高．將軍多少恨．須是問檀槽．』

『中丞唐女部．手底舊雙絃．內府歌筵罷．淒涼九百年．』

忽雷已是稀世尤物．加以南部新書等書所記故事尤饒有詩趣．這位「歷史戲劇家」云亭山人便捉得一箇絕好題目．做成一部小忽雷傳奇．山人的作曲事業始此．小忽雷傳奇成於康熙三十三年甲戌．（據桃花扇顧序）是云亭和他的朋友無錫顧天石合譜的．卷首鏡芥居士敍云

『於是孔門星座．立傳周詳．顧氏仙才．塡詞雅秀．』

桃花扇始末漫述亦云

『前有小忽雷傳奇一種．皆顧子天石代予塡詞．』

可見此書詞曲．大半出天石手筆了．天石號夢鶴居士．桃花扇卷首第一篇序便是他所作．後來改製南桃花扇的也是他．

小忽雷全部結構和科白．當然是「立傳周詳」的云亭山人一手做成了．那書全部四十齣．分上下兩卷．以梁厚本鄭盈盈二人姻緣離合爲線索．穿插歷史上事實．把元和、長慶、太和間大事——如平淮蔡、「甘露」之變等都作爲背景．當時人物．如大臣中之權德輿、裴度、李訓、鄭注．文人中之白居易、劉夢得、元稹、柳宗元．宦官中之梁守謙、仇士良．歌妓中之杜秋娘等皆拉著上場．尤爲有趣的是把梁厚本硬派做梁守謙的姪兒．把鄭中丞（盈盈）硬派做鄭注的妹子．總之云亭作曲．不喜取材於小說．專好把歷史上實人實事．加以點染穿插．令人解頤．這是他一家的作風．特長的技術．這種技術．在小忽雷著手嘗試．到桃花扇便完全成熟．

小忽雷的詞曲．云亭全讓美於顧夢鶴．夢鶴卻不肯純居其功．夢鶴桃花扇敍云

『猶記歲在甲戌．先生指署齋所懸唐朝樂器小忽雷令余譜之．一時刻燭分箋．疊鼓競吹．覺浩浩落落．如午夜之聯詩．……』

可見當時實兩人合譜．科白曲文．都是以「分箋聯句」的作法互相補助．很難確指某部分爲誰氏所作．所以小忽雷除全部結構出云亭手外．其曲文．我們也應該認云亭搭有份子在裏頭．今將全劇最精采的一齣——第二十三齣秋宮撥怨摘錄數節如下．

檀郎覿面難親熱．

好一似夢迷離月被雲遮．

待近身未語先嗚咽．
這時節偷轉雙睫．
眉鎖千疊．
心緊百結．
腸又摧裂．
那旁人縱是不和鐵．
也須搵不盡衫襟血．
他那裏正難決．
我這裏又遭滅．
怕這一番相逢．斷送了他少年也．——（烏夜啼）
『荒雞夢冷深深夜．
沒意緒轉傷嗟．
照人愁．只有那朦朧月．
靜悄悄鍼剪歇．
悶騰騰理衣褶．
撲簌簌淚滿頰．——（罵玉郎）

『甚日裏檻鳳離車。囚鸞遇赦。
俺把這歌扇兒停。舞衫兒脫。梅妝兒卸。
又則怕東君去意決。
玉貌易衰歇。
生爲永巷妾。死葬玉鈎斜。
魂帶杜鵑血。——（感皇恩）
『……你看。玉墀下多隕葉。
長門內少明月。
苔茵上沒些熱。
羅襪裏濕半截。
長夜漏滴不竭。
冷螢火明復滅。
嚇得我髮凜凜似鬼拽。
心趯趯像蟲齧。
一陣陣暗風謺。
一點點細雨撤。

那奸宦正饒舌。

怕君王後分別。

俺生死關頭只爭今夜。

這便是做宮人伏侍君王的活罪業。——（黃庭尾）

依我個人的評判。小忽雷詞曲之美。實比桃花扇還勝一籌。他的好處在不事雕琢。純任自然。無一餖飣之句。無一强壓之韻。眞如彈丸脫手。春鶯囀林。流麗輕圓。令人色授魂與。淸朝劇本。總該推他第一了。就這一點論。恐怕還是顧夢鶴的天才特絕。云亭已隔一層了。

小忽雷傳奇在當時唱演像很盛行。但不聞有刻本。乾嘉以後。小忽雷原器展轉入於劉燕庭（春海）之手。燕庭復抄得傳奇原譜。校藏於味經書屋。其後燕庭嫁女於華陽卓氏。用作粧奩。宣統二年。劉葱石（世珩）連器帶譜。從卓家購得。拿精校刻出。編爲暖紅室傳奇彙刻之第二十四種。自是云亭山人破題兒第一部作品始流播人間。

（附考）李調元雨村曲話說『小忽雷是顧天喜董恆岩合著。』「天石」誤作「天喜。」又不言孔東塘而換以董恆岩不知何據。恆岩所作曲有芝龕記。布局散漫。用筆拖沓斷非能作小忽雷之人。且小忽雷卷首東塘題辭歷歷。調元殆耳食未見原本耳。

試一齣　先聲

『大抵人生聚散中．
灞橋官道雨濛濛．
香消紅袖登樓妓．
淚濕青衫對酒翁．』

——小忽雷開場詩． 孔尚任．

時間 清康熙二十三年甲子八月．

地點 北京太平園劇場．

人物 老贊禮．——副末。

布景——幕外

老贊禮（氈巾道袍白髮上．）

古董先生誰似我．
非玉非銅．
滿面包漿裹．
賸魄殘魂無伴夥．
時人指笑何須躲．

★　★　★　★

舊恨填胸一筆抹.
遇酒逢歌.
隨處留皆可.
子孝臣忠萬事妥.
休思更喫人參果.——（蝶戀花.）

日麗唐虞世.
花開甲子年.
山中無寇盜.
地上總神仙.

老夫原是南京太常寺一箇贊禮爵位不尊.姓名可隱.最喜無禍無災.活了九十七歲.閱歷多少興亡.又到上元甲子.堯舜臨軒.禹皋在位.處處四民安樂.年年五穀豐登.今乃康熙二十三年.見了瑞祥一十二種.

內（問介）請問那幾種瑞祥.

贊（屈指介）河出圖.洛出書.景星明.慶雲現.甘露降.膏雨零.鳳皇集.麒麟遊.蓂莢發.芝草

生.海無波.黃河清.件件俱全.豈不可賀.老夫欣逢盛世.到處遨遊.昨在太平園中看一本新出傳奇名爲桃花扇.就是明朝末年.南京近事.借離合之情.寫興亡之感.實事實人.有憑有據.老夫不但耳聞.皆曾眼見.更可喜把老夫衰態也拉上排場.做了一箇副末脚色.惹的俺哭一回.笑一回.怒一回.罵一回.那滿座賓客怎曉得我老夫就是戲中之人.

內　請問這本好戲是何人著作.

贊　列位不知.從來塡詞名家.不著姓氏.但看他有褒有貶.作春秋必賴祖傳。可詠可歌.正雅頌豈無庭訓.

內　這等說來.一定是云亭山人了.

贊　你道是那箇來.

內　今日冠裳雅會.就要演這本傳奇.你老既係舊人.又且聽過新曲.何不把傳奇始末預先鋪敍一番.大家洗耳.

贊　有張道士的滿庭芳詞.歌來請敎罷.

公子侯生.

秣陵僑寓.

恰偕南國佳人.讒言暗害.鸞鳳一朝分.又值天翻地覆.據江淮.藩鎮紛紜.立昏主.徵歌選舞.黨禍起奸臣.

★　★　★　★

良緣難再續.樓頭激烈.獄底沈淪.卻賴蘇翁柳老.

內贊

解救殷勤.半夜君逃相走.望煙波.誰弔忠魂.桃花扇.齋壇揉碎.我與指迷津.——(滿庭芳)

妙妙.只是曲調鏗鏘.一時不能領會.還求總括數句.

待我說來.

奸馬阮中外伏長劍.巧柳蘇往來牽密線.侯公子斷除花月緣.張道士歸結興亡案.

道猶未了.那侯公子早已登場.列位請看.

第一齣　聽稗

『潮落秦淮春復秋．莫愁好作石城遊．年來愁與春潮滿．不信湖名尙莫愁．』

——秦淮雜詠．

王士禛．

時間　明崇禎十六年癸未二月．

地點　南京冶城道院門前．柳敬亭寓所．

人物　侯方域——生．

陳定生——末．

吳次尾——小生．

家僮——副淨．

柳敬亭——丑．

布景一——幕外．

侯方域（儒扮上）
孫楚樓邊。
莫愁湖上。
又添幾樹垂楊。
偏是江山勝處。
酒賣斜陽。
勾引游人醉賞。
學金粉南朝模樣。
暗思想。
那些鶯顛燕狂。
關甚興亡。——（戀芳春）

院靜廚寒睡起遲。
秣陵人老看花時。

城連曉雨枯陵樹。
江帶春潮壞殿基。

★　★　★　★

傷往事。
寫新詞。
客愁鄉夢亂如絲。
不知烟水西村舍。
燕子今年宿傍誰。（鷓鴣天。）

小生姓侯。名方域。表字朝宗。中州歸德人也。（註一）夷門譜牒。梁苑冠裳。先祖太常。家父司徒。（註二）選詩雲間。徵文白下。久樹東林之幟。新登復社之壇。（註三）蚤歲清詞。吐出班香宋豔。中年浩氣。流成蘇海韓潮。（註四）人鄰耀華之宮。偏宜賦酒。家近洛陽之縣。不願栽花。自去年壬午。南闈下第。（註五）便僑寓這莫愁湖畔。烽烟未靖。家信難通。不覺又是仲春時候。你看。碧草粘天。誰是還鄉之伴。黃塵匝地。獨爲避亂之人。（歎介）莫愁。莫愁。教俺怎生不愁也。幸喜社友陳定生、吳次尾寓在蔡益所書坊。時常往來。頗不寂寞。今日約到冶城道院同看梅花。須索早去。

乍暖風烟滿江鄉.
花裏行廚攜着玉缸.
笛聲吹亂客中腸.
莫過烏衣巷——
是別姓人家新畫粱.——（嬾畫眉）

侯（下）

布景二——南京冶城道院門前

陳定生.吳次尾（儒扮上.）

王氣金陵漸凋傷.
鼙鼓旌旗何處忙.
怕隨梅柳渡春江.

陳　小生宜興陳貞慧是也.（註六）

吳　小生貴池吳應箕是也.（註七）

陳（問介）次兄.可知流寇消息麼.

吳　昨見邸鈔．流寇連敗官兵．漸逼京師．那寧南侯左良玉還軍襄陽．中原無人．大事已不可問．（註八）我輩且看春光．

合　無主春飄蕩．風雨梨花摧曉妝．——（嬾畫眉）

侯（上）（相見介）請了．兩位社兄果然早到．

吳　豈敢爽約．

陳　小弟已着人打掃道院．沽酒相待．

家僮（忙上）

　節寒嫌酒冷．
　花好引人多．

稟相公．來遲了．請回罷．

陳　怎麼來遲了．

僮　魏府徐公子（註九）要請客看花．一座大大道院．早已占滿了．

侯　既是這等．且到秦淮水榭一訪佳麗．倒也有趣．

吳　依我說．不必遠去．兄可知道泰州柳敬亭說書最妙．（註十）曾見賞於吳橋范

陳　大司馬．桐城何老相國．（註十一）聞他在此作寓．何不同往一聽．消遣春愁．

侯　這也好．

吳　（怒介）那柳麻子新做了閹兒阮鬍子（註十二）的門客．這樣人說書不聽也罷了．

兄還不知．阮鬍子漏網餘生．不肯退藏．還在這裏蓄養聲伎．結納朝紳．小弟

做了一篇留都防亂的揭帖．（註十三）公討其罪．那班門客．纔曉的他是崔魏

逆黨．不待曲終拂衣散盡．（註十四）這柳麻子也在其內．豈不可敬．

侯　（驚介）阿呀．竟不知此輩中也有豪傑．該去物色的．

侯陳吳（同行介）

布景三——柳敬亭寓所．

備用物——桌．椅．說書鼓、板、醒木．

侯陳吳（合）仙院參差弄笙簧．

人住深深丹洞旁．

閒將雙眼閱滄桑．

僮　此間是了．待我叫門．（叫介）柳麻子在家麼．

陳　（喝介）唗．他是江湖名士．稱他柳相公纔是．

僮（又叫介）柳相公開門．

柳（小帽海青白髯上）

門掩青苔長．

話舊樵漁來道房．——（嬾畫眉）

（見介）

柳　原來是陳吳二位相公．老漢失迎了．（指侯問介．）此位何人．

陳　這是敝友河南侯朝宗——當今名士．久慕清談．特來領教．

柳　不敢．不敢．請坐獻茶．

（坐介）

柳　相公都是讀書君子．什麼史記通鑑不曾看熟．倒來聽老漢的俗談．（指介）你看——

廢苑枯松靠着頹牆．

春雨如絲宮草香．

六朝興廢怕思量．

鼓板輕輕放．
沾淚說書兒女腸．——（攛畫眉）
侯　不必過謙．就求賜教．
柳　既蒙光降．老漢也不敢推辭．只怕演義盲詞．難入尊耳．沒奈何．且把相公們讀的論語說一章罷．
侯　這也奇了．論語如何說的．
柳（笑介）相公說得．老漢就說不得．今天偏要假斯文．說他一回．（上坐敲鼓板說書介．）
問余何事棲碧山．
笑而不答心自閒．
桃花流水杳然去．
別有天地非人間．
（拍醒木說介）敢告列位．今日所說不是別的．是魯論『太師摯適齊』全章．這一章書．是申魯三家僭竊之罪．表孔聖人正樂之功．當時周轍既東．魯道衰微．三家者以雍徹．季氏八佾舞於庭．僭竊之罪．已是到了盡頭了．我夫子自衛反魯．然後樂正．那些樂官．一箇箇愧悔交集．東走西奔．只當夫子不知費了多少氣力．豈知我夫子手把一管筆．眼看幾本書．纂到易經．上律天時．下襲水土．修到書經．祖述堯舜．憲章文武．訂到禮記．父子有親．君臣有義．長幼有序．朋友有信．夫婦有別．作到春秋．而亂臣賊子懼．今日删到詩經．而雅頌各得其所．並不曾費一些氣力．登時把權臣勢家．鬧哄哄的箇戲場．霎時散盡．頃刻冰冷．那一時到也痛快．你說聖人的手段利害不利害．神妙不神妙．（敲鼓板唱介．）

（鼓詞一）自古聖人手段能．他會呼風喚雨．撒豆成兵．見一夥亂臣無禮教歌舞．使了箇些小方法．弄的他精打精．正排著低品走狗奴才隊．都做了高節清風大英雄．

（拍醒木說介）那太師名摯．他第一箇先適了齊．他爲何適齊．聽俺道來．（敲鼓板唱介．）

（鼓詞二）好一箇爲頭爲領的太師摯．他說．咳．俺爲甚的替撞三家景陽鐘．往常時瞎了眼睛．在泥窩裏混．到如今抖起身子丢箇清．大撒脚步正往東北走．合夥了箇敬仲老先生．纔顯俺的名．管喜的孔子三月忘肉味．景公擦淚側着耳朵聽．那賊臣就喫了豹的心肝熊的膽．也不敢去姜太公家裏去拏樂工．

（拍醒木說介）管亞飯的名干適了楚．管三飯的名繚適了蔡．管四飯名缺適了齊．這三人爲何也去了．聽我道來．（敲鼓板唱介）

（鼓詞三）這一班勸膳的樂官不見了領隊長．一箇箇各尋門路奔前程．亞飯說『亂臣堂上掇著碗．俺倒去吹吹打打伏侍著他聽．你看咱長官此去齊邦．誰敢去找．我也投那熊繹大王．倚仗他的威風．』三飯說『河南蔡國雖然小．那堂堂的中原．緊靠着京城．』四飯說『遠望西秦有天子氣．那强兵營裏．我去抓箏．』一齊說『你每日倚着賽門椿子使喚俺．從今後——叫你聞著俺的風聲腦子疼．』

（拍醒木說介．）擊鼓的名方叔入於河．播鞉的名武入於漢．少師名揚．擊磬的名襄入於海．這四人另是箇走法．聽俺道來（敲鼓板唱介．）

（鼓詞四）這擊磬擂鼓的三四位——他說．『你丟下這亂紛紛的排場．俺也幹不成．你嫌這裏亂鬼當家別處尋主．只怕到那裏低三下四．還幹舊營生．俺們一葉扁舟桃源路．這纔是江湖滿地幾箇漁翁．』

（拍醒木說介）這四箇人去的好．去的妙．去的有意思．聽他說些什麼．（敲鼓板唱介．）

（鼓詞五）他說『十丈珊瑚映日紅．珍珠捧著水晶宮．龍王留俺宮中宴．那金童玉女不比凡同．鳳簫象管龍吟細．可教人家吹打著俺們纔聽．那賊臣

就溜著河邊來趕俺。這萬里烟波路也不明。莫道
山高水遠無知己。你看海角天涯都有俺舊弟兄。
全要打破紙窗看世界。虧了那位神靈提出俺火
阬。憑世上滄海變田田變海。俺那老師父只管矇
瞪著兩眼定六經。正是——
魯國團團一座城。
中間閙煞幾英雄。
荆棘叢裏難容鳳。
滄海波心好變龍。
（說完起介）獻醜。獻醜。
陳　妙極。妙極。如今應制講義。那能如此痛快。眞絕技也。
吳　敬亭纔出阮家。不肯別投主人。故此現身說法。
侯　俺看敬亭人品高絕。胸襟灑脫。是我輩中人。說書乃其餘技耳。
侯陳吳　暗紅塵霎時雪亮。

熱春光一陣冰涼。

清白人會算黏塗帳。

（同笑介）

這笑罵風流跌宕。

一聲拍板溫而厲。

三下漁陽慨以慷。

柳 重來訪。

但是桃花誤處。

問俺漁郎。——（解三醒）

侯（問介）昨日同出阮衙。是那幾位朋友。

柳 都已散去。只有善謳的蘇崑生還寓比鄰。

侯 也要奉訪。尚望同來賜教。

柳 自然奉拜的。

柳 歌聲歇處已斜陽。

陳　臏有殘花隔院香.

吳　無數樓臺無數草.

侯　清談霸業兩茫茫.

(註一)侯方域.字朝宗.河南商丘人.明諸生.清順治七年辛卯副貢.生萬曆四十六年戊午.卒順治十一年甲午.年三十七.著有壯悔堂文集四憶堂詩集.事蹟詳賈開宗田蘭芳所作傳.侯洵所作年譜.

(註二)方域祖執蒲.明太常寺卿.父恂.戶部尙書.宋犖哀侯朝宗詩云.『兩世東林魁。開見亦良富.』本文『太常司徒樹東林之幟』等語指此.

(註三)據年譜.『崇禎十二年.方域二十二歲.入南雍.應南京試.交陳公子定生.吳秀才次尾及南中諸名士主盟復社.』宋犖雪園五哀詩序云『往余鄉有雪園社.卽江南之復社也.余從侯子朝宗等修爲六子社.』本文『復社之壇』指此.

(註四)賈開宗壯悔堂集序云.『侯子十年前.嘗爲整麗之作.近乃大毀其向文.求所爲韓柳歐蘇以幾於司馬遷者而肆力焉.』本文「早歲中年」四句指此.

(註五)啓超案崇禎十五年壬午五月.李自成陷睢州.六月.詔起侯恂以兵部侍郎督左良玉軍援開封.時方域隨父在南.代草流賊形勢疏.(見本集)又勸恂勿救開封而督左軍距河以犄賊.恂曰.『若此.則我先反矣.』不聽.遣方域還吳.道出永城.爲叛將劉超所劫.諭以禍福.俾勸王自贖.超不聽.然亦釋之.計八月秋闈.正方域被劫時.必無應試之事.本文「下第僑寓」云云皆崇禎十二年事.爲行文便利計顚倒時日借用耳.說詳本齣注十三第二齣注七及第五齣注一.

〔註六〕陳貞慧.字定生.江南宜興人.父于廷.官左都御史.以忤魏忠賢削籍.魏黨作東林點將錄.指楊漣左光斗及于廷爲黨魁.貞慧繼與復社.阮大鋮作蝗蝻錄.指貞慧爲黨魁.稱四公子.明亡後.埋身土室不入城市者十餘年.生萬曆甲辰.卒順治丙申年五十三.著有皇明語林山陽錄雪岑集等.事蹟詳黃宗羲所撰墓志銘.汪琬所撰墓表.子維崧字其年.以善爲駢體文及塡詞有名於清初.

〔註七〕吳應箕.字次尾.號樓山.江南貴池人.善古今文辭.意氣橫厲一世.復社領袖也.以留都防亂公揭事最有名於時.(詳注十三)南都亡.金正希(聲)起義於歙.應箕亦起池州應之.清兵逼.戰敗.被擒不屈死.生萬曆二十二年甲午.卒弘光元年(卽順治二年)甲戌.年五十二.著有樓山堂集.事蹟詳明史本傳.溫睿臨南疆繹史本傳.汪有典史外本傳.劉世珩吳次尾先生年譜.

〔註八〕左良玉與李自成戰.大敗于朱仙鎭.走襄陽.此崇禎十五年壬午七月間事.癸未二月.襄陽已陷.良玉走武昌.此文年月頗有錯誤.

〔註九〕徐青君事詳末齣注.

〔註十〕柳敬亭以江湖說書技有盛名於明清間.其人在左良玉幕中最久.詼諧而任俠.故士大夫樂與之游.諸家集中題贈詩詞極多.最著者如吳梅村之楚兩生行.龔芝麓之沁園春贈說書柳叟.錢牧齋之左甯南畫像爲柳敬亭題.閻古古之柳麻子說書行.汪蛟門之柳敬亭說書行.陳其年之左甯南與柳敬亭軍中說劍圖歌等.皆能寫出其人與其技.其表章最力者.則吳梅村之柳敬亭傳.黃梨洲亦爲作一傳.則頗蔑斥之.而張岱陶菴夢憶余懷板橋雜記.所述較簡淨有風趣.今錄之.梅村之傳.則分引於每齣.

板橋雜記

『柳敬亭泰州人。本姓曹。避仇流落江湖。休於樹下。乃姓柳。善說書。遊於金陵。吳橋范司馬桐城何相國引爲上客。常往來南曲與張燕筑沈公憲俱。張沈以歌曲。敬亭以談辭。酒酣以往。擊節悲吟。傾靡四座。蓋優孟東方曼倩之流也。後入左甯南幕。出入兵間。甯南亡敗。又遊松江馬提督軍中。鬱鬱不得志。年已八十餘矣。間過余。僑寓宜睡軒中。猶說「秦叔寶見姑娘」也』

陶菴夢憶

『南京柳麻子黧黑。滿面疤㿔。悠悠忽忽。土木形骸。善說書。一日說書一回。定價一兩。十日前先送書帕下定。常不得空。南京一時有兩行情人。王月生柳麻子是也。余聽其說「景陽岡武松打虎」白文與本傳大異。其描寫刻劃。微入毫髮。然又找截乾淨。並不嘮叨。哱夬聲如巨鐘。說至筋節處。叱咤叫喊。洶洶崩屋。武松到店沽酒。店內無人。謈地一吼。店中空缸空甓皆瓮瓮有聲。閒中著色。細微至此。主人必屏息靜坐。傾耳聽之。彼方掉舌。稍見下人呫嗶耳語。聽者欠伸有倦色。輒不言。故不得強。每至丙夜。拭桌剪燈。素甆靜遞。款款言之。其疾徐輕重。吞吐抑揚。入情入理。入筋入骨。摘世上說書之耳而使之諦聽。不怕其不齰舌死也。柳麻子貌奇醜。然其口角波俏。眼目流利。衣服恬淨。直與王月生同其婉孌。故其行情正等』

（註十一）吳偉業柳敬亭傳云『當時士大夫被寇南下僑金陵者萬家。大司馬吳橋范公。相國何文端皆引生爲上客』案。范名景文。甲申三月以東閣大學士殉難。何名如寵。崇禎十四年卒。福王時補謚文端。

（註十二）阮鬍子即阮大鋮。其小傳別見第四齣。

（註十三）黃梨洲有言『弘光南渡。止結得留都防亂揭一案』則其事在當時關係重大可知。桃花扇一書亦以此爲最要線索。故第一齣補述以託始焉。今錄陳定生所著防亂公揭本末之前半以資參考。（留都防亂公揭有云『某等讀聖賢之書。明討賊之義。事出公論。言與憤俱。

但知爲國除姦。不惜以身賈禍。……」（見吳翌鳳鐙窗叢錄）

「崇禎戊寅。吳次尾有留都防亂一揭公討阮大鋮。大鋮以黨崔魏論城且罪暴於天下。其時氣魄尚能奔走四方士。南中當事多與游。實上下其手。陰持其悁喝焉。次尾憤其附逆也。而鳴騶坐輿。偃蹇如故。士大夫繾綣爭寄腹。以爲良心道喪。一日言於顧子方（杲）子方曰。杲也不惜斧鑕。爲南都除此大憝。兩人先後過余言所以。余曰鋮罪無籍揭。士大夫與交通者。雖未盡不肖。特未有逆案二字提醒之。使一點破。如贅癰糞溷。爭思決之爲快。未必於人心無補。次尾燈下隨側一稾。子方毅然首唱。飛馳數函。毘陵爲張二無。金沙爲周仲馭。雲間爲陳臥子。吳門爲楊維斗。浙則二馮司馬魏子一。上江左氏兄弟方密之爾止仲馭臥子極嘆此舉爲仁者之勇。獨維斗報書。以鋮不燃之灰。無俟衆溺。如吾鄉逐顧秉謙呂純如故事。在鄉攻一鄉。此輩窘無所托足矣。子方因與反覆辨論。有書。書不載。時上江有以此舉達之御史成公勇。成公曰。吾職掌事也。將據揭上聞。會楊與顧之辨未已。同室之內。起而相牙。揭遲留不發。事稍稍露矣。阮心知此事仲馭主之。然始謀也絕不有仲馭者。而鋮以書來。書且哀。仲馭不啓視。就使者焚之。鋮銜之刻骨。揭發而南中始鰓鰓知有逆案二字。爭囁嚅出恚語曰。逆某逆某。士大夫之素鮮廉者。亦裹足與絕。鋮氣愈沮。心愈恨。未幾。成御史以論楊武陵嗣昌逮。遂不果上。鋮遂有酬詆瑣言一揭。語雖鶻起。中實狼驚。至己卯竄跡荆溪相君幕中。酒闌歌過。襟僻纓絕。輒絮語貞慧何人何狀。必欲殺某。何怨。語絮且泣。向相君泣。大鋮身雖在陽羨山中乎。而所以窺伺吾輩者益急無有間。青溪道上察子往來如織。時予寓宋憲副園中。同人枉顧。鋮多爲相圖也。且悸且恚。鋮歸潛跡南門之牛首。不敢入城。向之裘馬馳突。盧兒崽子。焜耀通衢。至此奄奄氣盡矣。然鋮腐心咋齒。日夜思所以螫吾輩。謀翻局特未有路耳。居無何。荆溪再召。竊心喜鋮得間矣。幸天子明聖。堅持其局不變。議隨起隨滅。無何甲申宏光事起。鋮曰。此奇貨可居也。貪緣官兵部尙書。以迎立首謀福邸舊案。將盡殺天下。酬所不快。下周公鑣雷公演祚於獄。發其端時。語所親曰。吾五六年來。三尺童子見阮大鋮名姓。輒詈而唾。非若若耶。若知有今日。以揭中最切齒者十人列之上曰。此擁戴潞藩以圖不逞者。又造爲十八羅漢七十二金剛之目曰。此其羽翼者。如王紹徽點將錄故事。一網殺之。……』

啓超案。吳次尾有與友人論防亂公揭書云。『防亂公揭。乃顧子方倡之。質之於弟。謂可必行無疑者。遂刻之以傳。』蓋是揭領衔者爲顧子方（杲）次尾不自以爲功而歸美於子方。故樓山堂集不錄此揭焉。然據定生及同時諸家所記述。則此稿實出次尾手。本書『小弟做了一篇揭帖』云云。蓋實錄也。當時署名者百四十餘人。除子方次尾定生外。其姓名可考者有桐城左國棟、國柱、國林國材江陰繆虛白、吳縣周茂藻、茂蘭、廷祚、常熟顧麟生、無錫高永淸、餘姚黃宗羲、嘉善魏學濂、吳縣楊廷樞、鄞縣萬泰、金沙周鑣、華亭夏允彝、陳子龍宜城沈壽民、海鹽陳梁、嘉定侯岐曾、桐城方以智、蕪湖沈士柱……等。（錢飲光似亦署名。）

又案。公揭作於崇禎十一年戊寅秋間。十二年己卯正月始刊播。侯朝宗與定生次尾定交。亦卽在是年夏間。（見汪有典外史。侯吳兩年譜皆同。）則此齣所隸者實爲己卯年事。原題云『癸未二月』者。挪動年月使行文局勢緊湊耳。

〔註十四〕柳敬亭曾否入阮家。無可考。當是云亭點綴。

第二齣　傳歌

猶憶秦淮賽竹枝。
青樓沈水易相思。

眼看到處生離別.
何苦多彈子夜詞.
——方密之詩.

時間　明崇禎十六年癸未二月.
地點　南京秦淮河舊院媚香樓.
人物　李貞麗——小旦.
楊龍友——末.
李香君——旦.
蘇崑生——淨.
布景——媚香樓樓上.李香君妝閣.
壁掛名人字畫.
備用物——桌椅.筆.硯.曲本.歌板.

李貞麗（靚妝扮鴇妓上）

深畫眉.
不把紅樓閉.

長板橋頭垂楊細.
絲絲牽惹遊人騎.
將箏紘緊繫.
把笙囊巧製.——（秋夜月）

梨花似雪草如烟.
春在秦淮兩岸邊.
一帶妝樓臨水蓋.
家家分影照嬋娟.

妾身姓李.表字貞麗.（註一）烟花妙部.風月名班.生長舊院之中.（註二）迎送長橋之上.（註三）鉛華未謝.丰韻猶存.養成一箇假女.溫柔纖小.纔陪玳瑁之筵.宛轉嬌羞.未入芙蓉之帳.這裏有位罷職縣令.叫做楊龍友.乃鳳陽督撫馬士英的妹夫.原做光祿阮大鋮盟弟.常到院中誇俺孩兒.要替他招客梳櫳.今日春光明媚.敢待好來也.（叫介）丫鬟捲簾掃地.伺候客來.

（內應介）曉得.

楊文驄（註四）（上）

三山景色供圖畫．
六代風流入品題．
下官楊文驄．表字龍友．乙榜縣令．罷職閒居．這秦淮名妓李貞麗．是俺舊好．趁此春光．訪他閒話．來此已是．不免竟入．（入介）貞娘那裏．（見介）好呀．你看梅錢已落．柳線纔黃．軟軟濃濃一院春色．叫俺如何消遣也．

麗　正是．請到小樓焚香煮茗．賞鑒詩篇罷．

楊　妙極了．

（登樓介）

簾紋籠架鳥．
花影護盆魚．

楊　（看介）這是令愛妝樓．他往那裏去了．

麗　曉妝未竟．尚在臥房．

楊　請他出來．

麗　（喚介）孩兒出來．楊老爺在此．

楊　（看四壁上詩篇介）都是些名公題贈．却也難得．（背手吟哦介．）

李香君（豔妝上．）

香夢回。
纔褪紅鴛被。
重點檀脣臙脂膩。
匆匆挽箇拋家髻。
這春愁怎替。
那新詞且記。

（見介。）老爺萬福。

楊　幾日不見。益發標緻了。這些詩篇贊的不差。（又看驚介。）呀呀。張天如。夏彝仲。（註五）這班大名公。都有題贈。下官也少不的和韻一首。

麗（送筆硯介。）

楊（把筆久吟介。）做他不過。索性藏拙。聊寫蘭墨數筆。點綴素壁罷。

麗　更妙。

楊（看壁介）這是藍田叔（註六）畫的拳石呀。就寫蘭於石旁。借他的襯帖也好。（畫介。）

綾紋素壁輝——

寫出騷人致．
嫩葉香苞．
雨困烟痕醉．
一拳宣石墨花碎．
幾點蒼苔亂染砌．
（遠看介．）也還將就得去．
怎比元人．
瀟洒墨蘭意．
名姬恰好湘蘭佩．——（梧桐樹）
麗　眞眞名筆．替俺妝樓生色多矣．
楊　見笑．（向香君介．）請教尊號．就此落款．
香　年幼無號．
麗　就求老爺賞他二字罷．
楊（思介）左傳云．『蘭有國香．人服媚之．』就題他香君．（註七）何如．

麗　甚妙．香君過來謝了．

香　（拜介）多謝老爺。

楊　（笑介）連樓名都有了．（落款介．）『崇禎癸未仲春．俺寫蘭於媚香樓．博香君一笑．貴筑楊文驄』（註八）

麗　寫畫俱佳．可稱雙絕．多謝了．

（俱坐介．）

楊　我看香君國色第一．只不知技藝若何．

麗　一向嬌養慣了．不曾學習．前日纔請一位清客．傳他詞曲．

楊　是那箇．

麗　就叫什麼蘇崑生．（註九）

楊　蘇崑生本姓周．是河南人．寄居無錫．一向相熟的．果然是箇名手．（問介．）傳的那套詞曲．

麗　就是玉茗堂四夢．（註十）

楊　學會多少了．

麗　纔將牡丹亭學了半本．（喚介．）孩兒．楊老爺不是外人．取出曲本．快快溫習．待你師父對過．好上新腔．

香（皺眉介）有客在坐。只是學歌怎的。

麗　好傻話。我們門戶人家。舞袖歌裙。喫飯莊屯。你不肯學歌。閒著做甚。

香（看曲本介）

麗　生來粉黛圍。跳入鶯花隊。一串歌喉。是俺金錢地。莫將紅豆輕拋棄。學就曉風殘月墜。緩拍紅牙。奪了宜春翠。門前繫住王孫轡。——（梧桐樹）

蘇崑生（扁巾褶子上）閒來翠館調鸚鵡。

嬾去朱門看牡丹.

在下固始蘇崑生是也.自出阮衙.便投妓院.做這美人的教習.不強似做那義子的幫閒麼.(竟入見介.)楊老爺在此.久違了.

楊　崑老恭喜.收了箇絕代的門生.

麗　蘇師父來了.孩兒見禮.

香(拜介.)

蘇　免勞罷.(問介.)昨日學的曲子.可曾記熟了.

香　記熟了.

蘇　趁著楊老爺在坐.隨我對來.好求指示.

楊　正要領教.

蘇香(對坐唱介.)

『原來姹紫嫣紅開遍.似這般都付與斷井頹垣.良辰美景奈何天——』

蘇　錯了.錯了.『美』字一板.『奈』字一板.不可連下去.另來.另來.

『良辰美景奈何天．
賞心樂事誰家院．
朝飛暮卷．
雲霞翠軒．
雨絲風片——』

蘇　又不是了．『絲』字是務頭（註十一）要在嗓子內唱．

『雨絲風片．
烟波畫船．
錦屏人．
忒看的這韶光賤．』——（皂羅袍）

蘇　妙妙．是的狠了．往下來．

『遍青山啼紅了杜鵑．
荼蘼外烟絲醉軟．
牡丹雖好．

蘇 他春歸怎占的先——』
這句略生些。再來一遍。
『牡丹雖好。
他春歸怎占的先。
閒凝盼——
生生燕語明如剪。
嚦嚦鶯聲溜的圓。』（註十二）——（好姐姐）
蘇 好好。又完一折了。
楊（對麗介）可喜令愛聰明的緊。不愁不是一箇名妓哩。（向蘇介）昨日會着侯司徒的公子侯朝宗。客囊頗富。又有才名。正在這裏物色名姝。崑老知道麼。
蘇 他是敝鄉世家。果然大才。
楊 這段姻緣不可錯過的。
破瓜碧玉佳期——
唱嬌歌。

細馬騎．纏頭擲錦．攜手傾杯．催妝豔句．迎婚油壁．配他公子千金體．年年不放阮郎歸．買宅桃葉春水．——（瑣窗寒）

這樣公子．肯來梳攏。好的緊了．只求楊老爺極力幫襯．成此好事．自然在心的．

麗楊麗

掌中女好珠難比．學得新鶯恰恰啼．春鎖重門人未知．

如此春光．不可虛度．我們樓下小酌罷．

楊　有趣。

（同行介）

楊　蘇小簾前花滿畦。

麗　鶯酣燕嬾隔春隄。

香　紅綃裹下櫻桃顆。

蘇　好待潘車過巷西。

（註一）繆荃蓀秦淮廣記云：『李貞麗，字淡如，桃葉妓。有俠氣，一夜博輸千金略盡。所交接皆當世豪傑。尤與陽羨陳貞慧善。李香之假母也。　王宗評其秦淮社集云，出風入雅，有何女郎能之。足壓倒江南矣。』案，繆書本皆注明出處，此條偶闕，不知所據何書。板橋雜記亦記貞麗事，視此較略。明詩綜錄有貞麗詩一首。

（註二）余懷板橋雜記云：『舊院人稱曲中，前門對武定橋，後門在鈔庫街。妓家鱗次，比屋而居。屋宇精潔，花木蕭疎，迥非塵境。到門則銅環半啓，珠箔低垂。升階則猧兒吠客，鸚哥喚茶。登堂則假母肅迎，分賓抗禮。進軒則丫鬟畢妝，捧艷而出。坐久則水陸備至，絲竹競陳。定情則目眺心挑，綢繆婉轉……』又云：『舊院與貢院遙對，僅隔一河。』

（註三）板橋雜記云：『長板橋在院牆外數十步，曠遠芊綿，水烟凝碧。迴光鷲峰兩寺夾之。中山東花園亘其前，秦淮朱雀桁遶其後。洵可娛目賞心，漱滌塵俗。每當夜涼人定，風淸月朗，名士傾城，簪花約鬢，攜手閒行，憑闌徙倚。忽遇彼姝，笑言宴宴。此吹洞簫，彼度妙曲，萬籟皆寂，遊魚出聽。

洵太平盛事也。』

（註四）楊文驄。字龍友。貴州貴筑人。弘光二年五月。分蘇常鎮爲二巡撫。以文驄巡撫常鎮二府。淸師渡江。文驄走蘇州。旋死。

（註五）張溥。字天如。太倉人。夏允彝。字彝仲華亭人。皆復社領袖。

（註六）藍田叔小傳見第二十八齣。

（註七）李香君爲本書主人。所記事蹟。以侯朝宗所作傳爲基本資料。今全錄如下。其他書有涉及香君事者。則於每齣下分注焉。

侯朝宗壯悔堂集李姬傳

李姬者名香。母曰貞麗。貞麗有俠氣。嘗一夜博輸千金立盡。所交接皆當世豪傑。尤與陽羨陳貞慧善也。姬爲其養女。亦俠而慧。略知書。能辨別士大夫賢否。張學士溥夏吏部允彝尤稱之。少風調。皎爽不羣。十三歲從吳人周如松受歌。玉茗堂四傳奇皆能盡其音節。尤工琵琶詞。然不輕發也。雪苑侯生己卯來金陵與相識。姬嘗邀侯生爲詩。而自歌以償之。初皖人阮大鋮者。以阿附魏忠賢論城旦。屛居金陵。爲淸議所斥。陽羨陳貞慧貴池吳應箕實首其事。持之力。大鋮不得已。欲侯生爲解之。乃假所善王將軍日載酒食與侯生游。姬曰。王將軍貧非結客者。公子盍叩之。侯生三問。將軍乃屛人述大鋮意。姬私語侯生曰。妾少從假母識陽羨君。其人有高義。聞吳君尤錚錚。今皆與公子善。奈何以阮公負至交乎。且以公子之世望安事阮公。公子讀萬卷書。所見豈後於賤妾耶。侯生大呼稱善。醉而臥。王將軍者殊怏怏。因辭去不復通。未幾。侯生下第。姬置酒桃葉渡。歌琵琶詞以送之曰。公子才名文藻雅不減中郞。中郞學不補行。今琵琶所傳詞固妄。然嘗昵董卓不可掩也。公子豪邁不羈。又失意。此去相見未可期。願終自愛。無忘妾所歌琵琶詞也。妾亦不復歌矣。侯生去後。而故開府田仰者以金三百鍰邀姬一見。姬固却之。開府慚且怒。且有以中傷姬。姬歎曰。田公寧異於阮公乎。吾向之所贊於侯公子者謂何。今乃利其金而赴之。是妾賣公子矣。卒不往。』

啓超案。傳中言『雪苑侯生己卯來金陵與相識。』己卯爲崇禎十二年。時朝宗二十二歲。朝宗交定生次尾正以是年。防亂公揭之刋播亦以是年。可見自聽稗至卻奩諸齣所隸皆己卯年事。題『癸未二月』者。小說家言耳。

（註八）板橋雜記云。『李香身軀短小。膚理玉色。慧俊婉轉。調笑無雙。人題之爲香扇墜。余有詩贈之云。「生小傾城是李香。懷中婀娜袖中藏。何緣十二巫峯女。夢裏偏來見楚王。」武塘魏子一爲書於粉壁。貴筑楊龍友寫崇蘭石於左偏。時人稱爲三絕。由是香之名盛于南曲。四方才士。爭一識面以爲榮』案。本書言楊龍友畫蘭。卽綴點此事。

（註九）李姬傳中所云周如松者。卽蘇崑生也。柳蘇同爲桃花扇中主要脚色。而蘇之事蹟見於淸初人筆記文集者。遠不如柳之多。惟吳梅村有贈蘇崑生絕句四首。自注云『蘇生。固始人。』又有楚兩生行一首。雖合歌柳蘇。而所重在蘇。其自序如下。

『蔡州蘇崑生維揚柳敬亭其地皆楚分也。而又客於楚。左寧南駐武昌。柳以談蘇以歌爲幸舍重客。寧南沒於九江。舟中百萬衆皆奔潰。柳已先期東下。蘇生痛哭削髮。入九華山。久之。出從武林汪然明。然明亡。之吳中。吳中以善歌名海內。然不過啴緩柔曼爲新聲。蘇生則於陰陽抗墜分刌比度。如崑刀之切玉。叩之栗然。非時世所爲工也。嘗遇虎丘廣場大集。生睨其旁笑曰。某郞以某字不合律。有識之者曰。彼傖楚乃竊言是非。思有以挫之。間請一發聲。不覺屈服。顧少年耳剽日久。終不肯輕自貶下就蘇生問所長。生亦落落難合。到海濱寓吾里蕭寺。風雪中以余與柳生有雅。故爲立小傳。授之以請曰。吾浪跡三十年。爲通侯所知。今失路憔悴而來過此。惟願公一言與柳生並傳足矣。柳生近客於雲間帥。識其必敗。苦無以自脫。浮湛敖弄。在軍政一無所關．其禍也幸以免．蘇生將渡江．余作楚兩生行送之．以之寓柳生．俾知余與蘇生游．且爲柳生危之也．』

（註十）玉茗堂四夢．明臨川湯顯祖（若士）所撰曲本．一牡丹亭．二邯鄲夢．三南柯記．四紫釵記．

（註十一）焦里堂（循）劇說云．『務頭者．南北同法．苟過緊要字句．須揭起其音而宛轉其調．如俗所謂做腔處．』

（註十二）牡丹亭驚夢原文．

第三齣　鬨丁（註一）

當年勢焰掀天轉．
如今奔逃亦可憐．
——本詞．

時間　明崇禎十六年癸未三月．
地點　南京國子監．
人物　壇戶——副淨．丑．
老贊禮——副末．
祭酒——外．

司業——末。
吳應箕——小生。
監生四人——雜。
阮大鋮（原任光祿卿。以閹黨革職。）——副淨。
布景——國子監文廟大成殿。
備用物——祭案。香爐。燭臺。
（二壇戶上。）
副淨　俎豆傳家鋪排戶。
丑　祖父。
副淨　各壇祭器有號簿。
丑　查數。
副淨　朔望開門點蠟炬。
丑　掃路。
副淨　跪迎祭酒早進署。
丑　休誤。
丑　怎麼只說這樣沒體面的話。

副淨　你會說。讓你說來。
丑　四季關糧進戶部。
副淨　誇富。
丑　紅牆綠瓦闔家住。
副淨　娶婦。
丑　乾柴只靠一把鋸。
副淨　偷樹。
丑　一年到頭不吃素。
副淨　醃胙。
丑　啐。你接得不好。到底露出脚色來。
（同笑介）咱們南京國子監鋪排戶。苦熬六箇月。今日又是仲春丁期。太常寺早已送到祭品。待俺擺設起來。
（排桌介。）
副淨　栗、棗、芡、菱、榛。
丑　牛、羊、猪、兎、鹿。
副淨　魚、芹、菁、笋、韭。

丑　鹽、酒、香、帛、燭

副淨　一件也不少．仔細看看．不要叫贊禮們偷喫．尋我們的悔氣呀．

老贊禮（暗上）啐．你壇戶不偷就彀了．到賴我們．

副淨（拱介）得罪．得罪．我說的是那沒體面的相公們．老先生是正人君子．豈有偷嘴之理．

贊禮　閒話少說．天已發亮．是時候了．各處快點香燭．

丑　是．

（同混下．）

祭酒（冠帶執笏上．）

松柏籠烟．

兩堦蠟紅初剪．

排笙歌堂上宮懸．

捧爵帛．

供牲醴．

香芹早薦．

司業（冠帶執笏上。）

列班聯——

敬陪南雍釋奠。——（粉蝶兒）

祭酒　下官南京國子監祭酒是也。

司業　下官司業是也。今值文廟丁期。禮當釋奠。

吳應箕（衣巾上）

榼鼓逢逢將曙天。

諸生接武杏壇前。

監生四人（上。）

濟濟禮樂繞三千。

萬仞門牆瞻聖賢。

阮大鋮（滿髯冠帶上。）

淨洗含羞面。

混入几筵邊。——（四園春）

吳　小生吳應箕．約同楊維斗劉伯宗沈崑銅沈眉生衆社兄同來與祭（註二）

監生四人　次尾社兄到的久了．大家依次排起班來．

阮（掩面介）下官阮大鋮．閒住南京．來觀盛典．（立前列介）

贊禮（上、唱禮介）排班．班齊．鞠躬．俯伏．興．俯伏．興．俯伏．興．俯伏．興．

（衆依禮各四拜介）

合　百尺翠雲巔．

仰見宸題金扁．

素王端拱．

顏曾四座冠冕．

迎神樂奏．

拜彤墀齊把袍笏展．

讀詩書不愧膠庠．

畏先聖洋洋靈顯．——（泣顏回）

（拜完立介．）

贊禮（唱禮介。）焚帛。禮畢。

（衆相見揖介。）

祭酒司業　北面並臣肩。

共事春丁榮典。

趨蹌環佩。

鵷班鷺序旋轉。

吳等　司籩執豆魯諸生。

盡是瑚璉選。

阮　喜留都散職逍遙。

歎投閒名流謫貶。

祭酒司業（下。）

阮（拱介。）

吳（驚看問介）你是阮鬍子。如何也來與祭。唐突先師。玷辱斯文。（喝介。）快快出去。

阮（氣介）我乃堂堂進士。表表名家。有何罪過。不容與祭。

吳　你的罪過．朝野俱知．蒙面喪心．還敢入廟．難道前日防亂揭帖．不曾說着你的病根麽．

阮　我正爲暴白心跡．故來與祭．

吳　你的心跡．待我替你說來．

魏家乾．

又是客家乾．（註三）

一處處兒字難免．

同氣崔田．（註四）

同氣崔田．

熱兄弟．

糞爭嘗．

癰同吮．

東林裏丟飛箭．

西廠裏牽長線．

怎掩旁人眼．

合　笑冰山消化．

鐵柱翻掀．——（千秋歲）

阮　諸兄不諒苦衷．橫加辱罵．那知俺阮圓海原是趙忠毅（註五）先生的門人．魏黨暴橫之時．我丁艱未起何曾傷害一人．這些話都從何處說起．

飛霜冤．

不比黑盆冤．

一件件風影敷衍．

初識忠賢．

初識忠賢．

救周魏．（註六）

把好身名．

甘心貶．

前輩康對山爲救李空同．曾入劉瑾之門．（註七）我前日屈節．也只爲着東林諸君子，怎麽倒責起我來。

春燈謎，（註八）
誰不見，
十錯認，
無人辯，
箇箇將咱譴，

（指介，）
恨輕薄新進，
也放屁狂言，——（千秋歲，）

吳　好罵，好罵，
衆　你這等人，敢在文廟之中，公然罵人，眞是反了，
贊禮（亦喊介）反了，反了，讓我老贊禮打這箇奸黨，（打介，）
吳　掌他的嘴，撏他的毛，
衆（亂採鬍指罵介，）

閹兒璫子．

閹兒璫子．

那許你拜文宣．

辱人賤行．

玷庠序．

愧班聯．

急將吾黨鳴鼓傳．

攻之必遠．

屏荒服不與同州縣．

投豺虎只當閒豬犬．——（越恁好）

阮　好打．好打．（指老贊介）連你這老贊禮都打起我來了．

贊禮　我這老贊禮．纔打你箇知和而和的．

阮（看鬚介）把鬍鬚都挼落了．如何見人．可惱之極．（急跑介）

難當雞肋拳揎——

拳揎.
無端臂折腰攧——
腰攧.
忙躲去.
莫留連.
阮（下.）
吳衆 分邪正.
辯奸賢.
黨人逆案鐵同堅.——
黨人逆案鐵同堅.——（紅繡鞋）
當年勢焰掀天轉.
今日奔逃亦可憐.
儒冠打扁.

歸家應自焚筆硯。——（尾聲）

吳　今日此舉。替東林雪憤。爲南監生光。好不爽快。以後大家努力。莫容此輩再出頭來。

眾　是。是。

眾　堂堂義舉聖門前。

吳　黑白須爭一著先。

眾　只恐輸贏無定局。

吳　治由人事亂由天。

（註一）此齣並無本事可考。自當是云亭山人渲染之筆。然當時之清流少年。排斥阮大鋮實極囂張且輕薄。黃梨洲所撰陳定生墓志中有云『崑山張爾公。歸德侯朝宗。宛上梅朗三。蕪湖沈崑銅。如皋冒辟疆。及余。數人無日不連輿接席。酒酣耳熱。多咀嚼大鋮以爲笑樂』觀此可見當時復社諸子驕恣之狀。「鬨丁」一類事。未始不可有也。

（註二）楊廷樞。字維斗。吳縣人。劉城。字伯宗。貴池人。沈士柱。字崑銅。蕪湖人。沈壽民。字眉生。宣城人。與吳次尾同稱復社五秀才。

（註三）天啓朝。宦官魏忠賢。保母客氏。朋比擅權。趨炎者向兩家稱乾兒。阮大鋮即其一。

（註四）崔呈秀。田爾耕。皆閹黨之兇悍者。

（註五）趙南星。字夢白。高邑人。以忤魏閹謫戍代州。卒於戍所。崇禎初。追謚忠毅。

（註六）周朝瑞。字思永。臨淸人。魏大中。字孔時。嘉善人。皆天啓初諫官。以劾客魏杖斃。

（註七）李夢陽。字獻吉。又號空同子。以詩名。康海。字德涵。號對山。夢陽嘗以罪下獄。片紙招海曰。『對山救我。』時劉瑾欲納交於海。不可得。至是海謁瑾爲請。夢陽得釋。踰年瑾敗。海坐瑾黨落職禁錮。夢陽不救。時人爲作中山狼一劇譏之。（廷燦謹案中山狼馬中錫撰）

（註八）春燈謎爲阮大鋮石巢傳奇四種之一。末齣有一段平話。名曰十錯認。或謂此爲阮鬍子失意時悔過之作。

第四齣 偵戲

滿盤錯事如天樣。
今來兼古往。
饒他算將來。
到底是箇糊塗帳。
——春燈謎結尾詞。

酒旆時遮看竹路。
畫船多繫種花門。
——孔云亭詩。

時間　明崇禎十六年癸未三月.
地點　南京褲子襠阮大鋮住宅.
人物　阮大鋮——副淨.
　家人——丑.
　四雜.
　楊龍友——末.
布景——書齋.外有山石花木.
備用物——拜帖.戲箱.把子.燕子箋曲本.酒壺.酒杯.

阮大鋮（憂容上）

前局盡翻.
舊人皆散.
飄零鬢斑.
牢騷歌嬾.
又遭時流欺謾.
怎能得高臥加餐.

下官阮大鋮，別號圓海，（註一）詞章才子，科第名家，正做著光祿吟詩，恰合著步兵愛酒，黃金肝膽，指顧中原，白雪聲名，馳驅上國，可恨身家念重，勢利情多，偶投客魏之門，便入兒孫之列，那時權飛烈焰，用著他當道豺狼，今日勢敗寒灰，賸了俺枯林鴞鳥，人人唾駡，處處攣攻，細想起來——俺阮大鋮也是讀破萬卷之人，甚麽忠佞賢奸，不能辨別，彼時既無失心之瘋，又非汗邪之病，怎的主意一錯，竟做了一箇魏黨，（跌足介）繞題舊事，愧悔交加，罷了罷了，幸這京城寬廣，容的雜人，新在這褲子襠裏，買了一所大宅——巧蓋園亭，精教歌舞，但有當事朝紳，肯來納交的，不惜物力，加倍趨迎，儻遇正人君子，憐而收之，也還不失爲改過之鬼，（悄語介）若是天道好還，死灰有復然之日，我阮鬍子呵，也顧不得名節，索性要倒行逆施了，這都不在話下，昨日文廟丁祭，受了復社少年，一場痛辱，雖是他們孟浪，也是我自己多事，但不知有何法兒，可以結識這般輕薄，（搔首尋思介）

小子翩翩皆狂簡，
結黨欺名宦，
風波動幾番，

擣落吟鬚。
捶折書腕。
無計雪深怨。
叫俺閉門空羞赧。

家人（持帖上。）
地僻疏冠蓋。
門深隔燕鶯。
稟老爺。有帖借戲。

阮（看帖介）『通家教弟陳貞慧拜。』（驚介）呵呀。這是宜興陳定生。（註二）聲名赫赫。是箇了不得的公子。他怎肯向我借戲。（問介。）那來人如何說來。

家人　來人說。還有兩位公子——叫什麼方密之。冒辟疆。（註三）這都在雞鳴埭上（註四）喫酒。要看老爺新編的燕子箋。（註五）特來相借。

阮（吩咐介）速速上樓。發出那一副上好行頭。吩咐班裏人梳頭洗臉。隨箱快走。你也拏帖跟去。俱要仔細著。

家人（應下。）

雜（拾箱）（衆戲子繞場下）

阮（喚家人介）轉來。（悄語介。）你到他席上。聽他看戲之時。議論什麼。速來報我。

家人　是。（下。）

阮（笑介）哈哈。竟不知他們目中還有下官。有趣。有趣。且坐書齋。靜聽回話。（虛下。）

楊文驄（巾服上）

　　周郎扇底聽新曲。
　　米老船中訪故人。

下官楊文驄與圓海筆硯至交。彼之詞曲。我之書畫。兩家絕技。一代傳人。今日無事。來聽他燕子新詞。不免竟入。（進介。）這是石巢園（註六）你看山石花木。位置不俗。一定是華亭張南垣（註七）的手筆了。（指介）

花林疏落石斑斕。
收入倪黃畫眼。

（仰看讀介。）『詠懷堂。（註八）孟津王鐸書。』（註九）（贊介）寫的有力量。（下看介。）一片紅氈鋪地。此乃顧曲之所。

草堂圖裏烏巾岸。

好指點銀箏紅板。

（指介）那邊是百花深處了。

爲甚的蕭條閉關。

敢是新詞改。

舊稿删。——（風入松）

（立聽介。）隱隱有吟哦之聲。圓老在內讀書。（呼介。）圓兄略歇一歇。性命要緊呀。（註十）

阮（出見大笑介）我道是誰。原來是龍友。請坐。請坐。

（坐介。）

楊　如此春光。爲何閉戶。

阮　只因傳奇四種。（註十一）目下發刻。恐有錯字。在此對閱。

楊　正是。聞得燕子箋已授梨園。特來領略。

阮　恰好今日全班不在。

楊　那裏去了。

阮　有幾位公子借去遊山。

楊　且把抄本賜教．權當漢書下酒罷．
阮（喚介）叫家僮安排酒酌．我要和楊老爺在此小飲．
內　曉得．
雜（上排酒果介．）
楊阮（同飲看書介．）
楊　新詞細寫烏絲闌．
都是金淘沙揀．
簪花美女心情慢．
又逗出烟慵雲懶．
看到此處．令我一往情深．
這燕子啣春未殘．
怕的楊花白．
人鬢斑．——（風入松）
阮　蕪詞俚曲．見笑大方．（讓介．）請乾一杯．

（同飲介．）

家人（急上．）

傳將隨口話．報與有心人．稟老爺．小人到雞鳴埭上．看著酒斟十巡．戲演三折．忙來回話．

阮　那公子們怎麼樣來．

家人　那公子們看老爺新戲．大加稱賞．——

點頭聽．擊節賞．停盃看．

阮（喜介）妙．妙．他竟知道賞鑑哩．（問介．）可曾說些什麼．

家人　他說眞才子．筆不凡．

阮（驚介）呵呀呀．這樣傾倒．却也難得．（問介．）再說什麼來．

家人　論文采．

天仙吏，
謫人間．
好教執牛耳．
主騷壇．——（急三鎗）
阮（佯恐介）太過譽了．叫我難當．越往後看。還不知怎麼樣哩．（吩咐介．）再去打聽．速
來回話．
家人（急下）
阮（大笑介）不料這班公子．倒是知己．（讓介．）請乾一杯．
俺呵南朝看足古江山．
翻閱風流舊案．
花樓雨榭燈窗晚．
嘔吐了心血無限．
每日價琴對牆彈．
知音賞．

這一番。——（風入松）

楊　請問借戲的是那班公子。

阮　宜與陳定生。桐城方密之。如皐冒辟疆。都是了不得學問。他竟服了小弟。

楊　他們是不輕許可人的。這本燕子箋詞曲原好。有甚麼說處。

家人（急上）

去如走兎。

來似飛鳥。

稟老爺。小的又到雞鳴埭。看著戲演半本。酒席將完。忙來回話。

阮　那公子又講些什麼。

家人　他說老爺呵。

是南國秀

東林彥。

玉堂班。

阮（佯驚介）句句是贊俺。益發惶恐。（問介。）還說些什麼。

家人　他說爲何——

投崔魏。
自摧殘.
阮（皺眉拍案惱介.）只有這點點不才.如今也不必說了.（問介.）還講些什麼.
家人　話多著哩.小的也不敢說了.
阮　但說無妨.
家人　他說老爺——
呼親父。
稱乾子.
忝羞顏.
也不過仗人勢.
狗一般.
阮（怒介）呵呀呀了不得.竟罵起來了.氣死我也.
平章風月有何關.
助你看花對盞.

新聲一部空勞贊.
不把俺心情剖辯.
偏加些惡謔毒頑.
這欺侮受應難.——（風入松）

楊　請問這是爲何罵起.

阮　連小弟也不解.前日好好拜廟.受了五箇秀才一頓狠打.今日好好借戲.又受這三箇公子一頓狠罵.此後若不設箇法子.如何出門.（註十二）（愁介）

楊　長兄不必懊惱.小弟倒有箇法兒.未知肯依否.

阮（喜介）這等絕妙了.怎肯不依.

楊　兄可知道吳次尾是秀才領袖.陳定生是公子班頭.兩將罷兵.千軍解甲矣.

阮（拍案介）是呀.（問介.）但不知誰可解勸.

楊　別箇沒用.只有河南侯朝宗.與兩君文酒至交.言無不聽.昨聞侯生閒居無聊.欲尋一秦淮佳麗.小弟已替他物色一人.名喚香君.色藝皆精.料中其意.長兄肯爲出梳攏之資.結其歡心.然後托他兩處分解.包管一舉雙擒.

阮（拍手笑介）妙妙.好箇計策.（想介.）這侯朝宗原是敝年姪.（註十三）應該料理的.（問

介。）但不知應用若干。

楊　妝斂酒席。約費二百餘金。也就豐盛了。

阮　這不難。就送三百金到尊府。憑君區處便了。

楊　那消許多。

楊　白門弱柳許誰攀。

阮　文酒笙歌俱等閑。

楊　惟有美人稱妙計。

阮　憑君買黛畫春山。

（註一）阮大鋮。字圓海。又自號百子山樵。（廷燦謹案阮大鋮字集之）安徽懷甯人。初依附東林名士同邑左光斗得官。既而投魏忠賢。魏敗。廢斥。南都建。與馬士英擁立福王。福王逃。投方國安軍。國安敗。偕謝三賓等降清軍。從攻仙霞嶺。觸石死。事蹟具明史奸臣傳。

（註二）陳貞慧防亂公揭本末敍公揭刊播後情狀云『大鋮竄跡荆溪相君幕中。酒闌歌遏。襟解纓絕。輒絮語「貞慧何人何狀。必欲殺某。何怨。」語絮且淒……潛跡南門之牛首。不敢入城。向之裘馬馳突。盧兒崽子。烜燿通衢。至此奄奄氣盡矣。』

（註三）方密之。名以智。桐城人。冒辟疆。名襄如皋人。與朝宗定生齊名。號四公子。明亡後。密之嘗從永歷帝於雲南。後削髮爲僧。號藥地。辟疆亦棄諸生不仕。

（註四）雞鳴埭卽今之雞鳴寺。六朝以來游讌勝地。

（註五）燕子箋爲石巢傳奇之一。阮鬍子劇本中最美者。據董刻本有崇禎壬午陽月韋佩居士序。知此劇實壬午年所成。偵戲一齣。繫諸癸未三月。時候恰相當。（廷燦謹案。王士正帶經堂集秦淮雜詩云『新歌細字寫冰紈。小部君王帶笑看。千載秦淮嗚咽水。不應仍恨孔都官。』自注。弘光時。阮司馬以吳綾作朱絲闌。書燕子箋諸劇進宮中。）

（註六）石巢園。大鋮所居。卽以名其傳奇四種。

（註七）張南垣。名漣。善造庭園。工疊石。吳偉業爲之傳。見梅村家藏稿。

（註八）詠懷堂。大鋮所居。卽以名其詩集。

（註九）王鐸。字覺斯。弘光時大學士。淸師渡江。迎降。以工書名明淸間。

（註十）王士禛池北偶談云『丁繼之嘗與余游祖堂寺。憩呈劍堂。指示余曰「此阮懷寧度曲處也。阮避人於此。每夕與狎客飮。以三鼓爲節。客倦罷去。阮挑燈作傳奇。達旦不寐以爲常」……』案。祖堂寺在牛首山。

（註十一）石巢傳奇四種。一春燈謎。二燕子箋。三雙金榜。四獅子賺也。惟韋佩居士燕子箋序有『此石巢先生第六種傳奇』語。然則不止四種矣。據董文友所撰陳定生墓表。知尙有牟尼珠一種。餘一種待考。（廷燦謹案。傳奇彙考有忠孝環一種。亦石巢撰曲海目同。）

（註十二）董文友陳定生墓表云『諸名士畢集秦淮公讌。呼大鋮所敎歌兒奏燕子箋。先生因與侯方域戟手罵大鋮不止。已復掀髯大笑。笑大鋮何癡。又謂大鋮非癡者。極贊其傳奇纖麗。爲之擊節。已而又大罵。歌兒歸訴諸大鋮。遂決意殺先生。』

（註十三）壯悔堂集癸未去金陵與阮光祿書云『執事。僕之父行也。……　……理當謁。然而不敢者。執事當自追憶其故。不必僕言之也。』

第五齣　訪翠

秦淮橋下水。舊是六朝月。烟雨惜繁華。吹簫夜不歇。

——侯方域

金陵題畫扇。

時間　明崇禎十六年癸未三月。

地點　南京秦淮河畔。

人物　侯朝宗——生。

柳敬亭——丑。

蘇崑生——淨。

楊文驄——末。

李貞麗——小旦。

李香君——旦。

僕役——雜。

布景一——媚香樓外。

侯朝宗（麗服上）

金粉未消亡。聞得六朝香。滿天涯烟草斷人腸。怕催花信緊。風風雨雨。誤了春光。——（繞山月）

小生侯方域。書劍飄零。歸家無日。對三月艷陽之節。住六朝佳麗之場。雖是客況不堪。卻也春情難按。昨日會著楊龍友。盛誇李香君妙齡絕色。平康第一。現在蘇崑生教他吹歌。也來勸俺梳櫳。爭奈蕭索奚囊。難成好事。（註一）今乃清明佳節。獨坐無聊。不免借步踏青。竟到舊院一訪有何不可。（行介。）

望平康。

鳳城東千門綠楊.
一路紫絲韁.
引遊郎.
誰家乳燕雙雙.
（柳上）黃鶯驚曉夢.白髮動春愁.（喚介）侯相公.何處閒遊.
侯（回頭見介）原來是敬亭.來的好也.俺去城東踏青.正苦無伴哩.
柳 老漢無事.便好奉陪.（同行介）（指介）那是秦淮水了.
侯 隔春波碧烟染窗.
倚晴天紅杏窺牆.
柳（指介）這是長橋.我們慢慢的走.
侯 一帶板橋長.
閒指點茶寮酒舫.
柳 不覺來到舊院了.
侯 聽聲聲賣花忙.

柳（指介）這一條巷裏．都是有名姊妹家．穿過了條條深巷．

侯　果然不同．你看黑漆雙門之上．插一枝帶露柳嬌黃——（錦纏道）

柳（指介）這箇高門兒．便是李貞麗家．

侯　我問你．李香君住在那箇門裏．

柳　香君就是貞麗的女兒．

侯　妙．妙．俺正要訪他．恰好到此．

柳　待我敲門．（敲介）

內（問介）那箇．

柳　常來走動的老柳．陪著貴客來拜．

內　貞娘．香姐．都不在家．

柳　那裏去了．

內　在卞姨娘家做盒子會哩．

柳　正是．我竟忘了．今日是盛會．

侯　爲何今日做會．

柳（拍腿介）老腿走乏了．且在這石磴上．略歇一歇．從容告你．（同坐介）

柳　相公不知．這院中名妓．結爲手帕姊妹．就像香火兄弟一般．每遇時節．便做盛會．

侯　結羅帕烟花雁行．

逢令節齊鬬新妝．

柳　是了．今日淸明佳節．故此皆去赴會．但不知怎麼叫做盒子會．（註二）

赴會之日．各攜一副盒兒．都是鮮物異品．有

海錯．

江瑤．

玉液漿．

侯　會期做些甚麼．

柳　大家比較技藝．

撥琴阮笙簫嘹亮．

侯　這樣有趣．也許子弟入會麼．

柳（搖手介）不許．不許．最怕的是子弟混鬧．深深鎖住樓門．只許樓下賞鑑．

侯　賞鑑中意的。如何會面。
柳　若中了意。便把物事拋上樓頭。他樓上也便拋下果子來。
　相當。
　竟飛來捧觴。
　密約在芙蓉錦帳。——(朱奴剔銀燈)
侯　旣然如此。小生也好走走了。
柳　走走何妨。
侯　只不知卞家(註三)住在那廂。
柳　住在煖翠樓。離此不遠。卽便同行。(行介)
侯　掃墓家家柳。
柳　吹餳處處簫。
侯　鶯花三里巷。
柳　烟水兩條橋。(指介)此間便是。相公請進。(同入介)
楊文驄蘇崑生(迎上)
楊　閒陪簇簇鶯花隊。

蘇　同望迢迢粉黛圍。（見介）
楊　侯世兄怎肯到此。難得。難得。
侯　聞楊兄今日去看阮鬍子。不想這裏遇着。
蘇　特爲侯相公喜事而來。
柳　請坐（俱坐）
侯（望介）好箇燬翠樓。
　端詳。
　窗明院敞。
　早來到溫柔睡鄉。
（問介）李香君爲何不見。
楊　現在樓頭。
蘇（指介）你聽樓頭奏技了。
（內吹笙笛介）
侯（聽介）
　鸞笙鳳管雲中響。

（內彈琵琶箏介）

侯（聽介）

紘悠揚.

內（打雲鑼介）

侯（聽介）

玉玎璫.

一聲聲亂我柔腸.

內（吹簫介）

侯（聽介）

翺翔雙鳳凰.

（大叫介）這幾聲簫吹的我消魂.小生忍不住要打采了.

（取扇墜拋上樓介）

海南異品風飄蕩.

要打著美人心上痒.——（雁過聲）

內（將白汗巾包櫻桃拋下介）

柳　有趣．有趣．擲下果子來了．

蘇（解汗巾傾櫻桃盤內介）好奇怪．如今竟有櫻桃了．

侯　不知是那箇擲來的．若是香君．豈不可喜．

楊（取汗巾看介）看這一條冰綃汗巾有九分是他了．

李貞麗（捧茶壺領香君捧花瓶上）

麗　香草偏隨蝴蝶扇．美人又下鳳凰台．

蘇（驚指介）都看仙人下界了．

柳（合掌介）阿彌陀佛．

衆（起介）

楊（拉侯介）世兄認認．這是貞麗．這是香君．

侯（見李貞麗介）小生河南侯朝宗．一向渴慕．今纔遂願．

（見李香君介）果然妙齡絕色．龍老賞鑑．眞是法眼．（坐介）

麗　虎邱新茶．泡來奉敬

（斟茶衆飲介）

李香君　綠楊紅杏．點綴新節．

（衆贊介）有趣．有趣．煮茗看花．可稱雅集矣．

楊　如此雅集．不可無酒．

麗　酒已備下．玉京主會．不得下樓奉陪．賤妾代東罷．（喚介）保兒燙酒來．

僕役（提酒上）

麗　何不行箇令兒．大家歡飲．

柳　敬侯主人發揮．

麗　怎敢僭越．

蘇　這是院中舊例．

麗（取骰盆介）得罪了．（喚介）香君把盞．待我擲色奉敬．

（衆）遵令．

麗（宣令介）酒要依次流飲．每一杯乾．各獻所長．便是酒底．幺爲櫻桃．二爲茶．三爲柳．四爲杏花．五爲香扇墜．六爲冰綃汗巾．（喚介）香君敬侯相公酒．

香（斟生酒介）

麗（擲色介）是香扇墜．（讓介）侯相公速乾此杯．請說酒底．

侯（告乾介）小生做首詩罷．（吟介）南國佳人佩．休教袖裏藏．隨郎團扇影．搖動一身香．

楊　好詩．好詩．

柳　好箇香扇墜．只把搖擺壞了．
麗　該奉楊老爺酒了．
香（斟末酒介．）
麗（擲介）是冰綃汗巾．
楊　我也做詩了．
麗　不許雷同．
楊　也罷．下官做個破承題罷．（念介）覩拭汗之物而春色撩人矣．夫汗之沾巾．必由於春之生面也．伊何人之面．而以冰綃拭之．紅素相著之際．不亦深可愛也耶．
侯　絕妙佳章．
柳　這樣好文彩．還該中兩榜纔是．
香（斟柳酒介）柳師父請酒．
麗（擲色介）是茶．
柳（飲酒介）我道恁薄．
麗（笑介）非也．你的酒底是茶．
柳　待我說個張三郎吃茶罷．

麗　說書太長．說個笑話更好．

柳　就說笑話．(說介)蘇東坡同黃山谷訪佛印禪師．東坡送了一把定瓷壺．山谷送了一觔陽羨茶．三人松下品茶．佛印說『黃秀才茶癖天下聞名．但不知蘇鬍子的茶量如何．今日何不鬬一鬬．分個誰大誰小』東坡說『如何鬬來』佛印說『你問一機鋒．叫黃秀才答．他若答不來．吃你一棒．我便記一筆．「鬍子打秀才了．」你若答不來．也吃黃秀才一棒．我便記一筆「秀才打了鬍子了．」末後總算．打一下吃一碗』東坡說『就依你說』東坡先問．『沒鼻針如何穿線』山谷答．「把針尖磨去』佛印說『答的好．』山谷問．『沒把葫蘆怎生拏』東坡答．『拋在水中』佛印說．『答的也不錯』東坡又問．『虱在袴中．有見無見』山谷未及答．東坡持棒就打．山谷正拏壺子斟茶．失手落地．打個粉碎．東坡大叫道．『和尚記著．鬍子打了秀才了』佛印笑道『你聽哄啷一聲．鬍子沒打秀才．秀才倒打了壺子了．』

衆　(笑介．)

柳　衆位休笑．秀才利害多著哩．(彈壺介)這樣硬壺子都打壞．何況軟壺子．

侯　敬老妙人．隨口詼諧．都是機鋒．

麗　香君敬你師父．

香（斟淨酒介）

麗（擲介）是杏花．

蘇（唱介）晚妝樓上杏花殘．猶自怯衣單。

香（向貞麗介）孩兒敬媽媽酒了．

麗（飲乾擲介）是櫻桃．

蘇　讓我代唱罷．（唱介）櫻桃紅綻．玉粳白露．半晌恰方言。

柳　崑生該罰了．唱的脣上櫻桃．不是盤中櫻桃．

蘇　領罰．（自斟飲介．）

麗　香君該自斟自飲了．

侯　待小生奉敬．

侯（斟香君介）

麗（擲介）不消猜是柳了．香君唱來．

香（羞介）

麗　孩兒靦覥．請個代筆相公罷．（擲介．）二點是柳師父。

蘇　好．好．今日是他當值之日．

柳　我老漢姓柳．飄零半世．最怕的是『柳』字．今日清明佳節．偏把個柳圈兒套住我老狗頭．

衆（大笑介）

蘇　算了你的笑話罷．

侯　酒已有了．大家別過．

柳　才子佳人．難得聚會．（拉侯香君介）你們一對兒．吃個交心酒何如．

香（羞遮袖下）

蘇　香君面嫩．當面不好講得．前日所定梳櫳之事．相公意下允否．

侯（笑介）秀才中狀元．有甚麼不肯處．

麗　旣蒙不棄．擇定吉期．賤妾就要奉攀了．

楊　這三月十五日．花月良辰．便好成親．

侯　只是一件．客囊羞澀．恐難備禮．

楊　這不須愁．妝竂酒席．待小弟備來．

侯　怎好相累．

楊　當得效力．

侯　多謝了．

誤走到巫峯上
添了些行雲想.
匆匆忘卻仙模樣.
春宵花月休成謊.
良緣到手難推讓.
准備著身赴高唐.——（小桃紅）

（作辭介）

麗　也不再留了.擇定十五日.請下清客.邀下姊妹.奏樂迎親罷.

麗（下）

柳（向蘇介）、呵呀,忘了.忘了.咱兩個不得奉陪了.

楊　爲何.

蘇　黃將軍船泊水西門.也是十五日祭旗.約下我們吃酒的.

侯　這等怎處.

楊　還有丁繼之.沈公憲.張燕筑.都是大請客.借重他們陪陪罷.

蘇　煖翠樓前粉黛香.

楊六朝風致說平康.
柳踏青歸去春猶淺.
侯明日重來花滿床.

(註一)朝宗初識香君係己卯年事.其時朝宗極豪恣.汪有典吳副榜傳云.『己卯夏.雪苑侯朝宗來南雍.朝宗年甫二十.雄才灝氣.挾萬金結客.』據此則朝宗梳櫳香君.無待他人助奩可知.此齣云云.借李姬傳中王將軍事作穿插耳.詳第七齣注一.

(注二)沈石田(周)有盒子會歌.并序.見板橋雜記.錄其序如下.

『南京舊院有色藝俱優者.或二十三十姓.結爲手帕姊妹.每上節以春檠巧具殽核相賽.名盒子會.凡得奇品爲勝.輸者罰酒酌勝者.中有所私.亦來挾金助會.厭厭夜飲.彌月而止.席間設燈張樂.各出其技能.賦此以識京城樂事也.』

(注三)板橋雜記云.『卞賽.一曰賽賽.後爲女道士.自稱玉京道人.知書.工小楷.善畫蘭.鼓琴.喜作風枝嫋娜.一落筆畫十餘紙.年十八.遊吳門.僑居虎邱.湘簾棐几.地無纖塵.見客初不甚酬對.若遇佳賓.則諧謔間作.談辭如雲.一坐傾倒.尋歸秦淮.遇亂復遊吳.梅村學士作聽女道士卞玉京彈琴歌贈之.』案.玉京與梅村雅有情愫.讀梅村詩及序可見.梅村集中琴河感舊四首亦爲玉京而作.

(注四)香扇墜爲李香君諢名.見第六齣註八.

(注五)吳梅村柳敬亭傳云.『……過江.休大柳下.生攀條泫然曰.「吾今氏柳矣.」……此文蓋用其意.

第六齣 眠香

笙歌畫舫月初沉。
邂逅才人訂賞音。
福慧幾生修得到。
家家夫壻是東林。
——秦伯虞。
題板橋雜記。

時間 明崇禎十六年癸未三月。
地點 南京秦淮河畔媚香樓。
人物 李貞麗——小旦。
李香君——旦。
侯朝宗——生。
保兒——雜。
楊文驄——末。
丁繼之——副淨。

沈公憲——外。

張燕筑——淨。

卞玉京——老旦。

寇白門——小旦。

鄭妥娘——丑。

布景　媚香樓上陳設富麗之洞房。

備用物　妝奩．鏡台．箱籠．銀封．吉服．酒壺．酒杯．筆．硯．詩扇．詩箋．吹彈樂器．紅燈二．銅錢十。

李貞麗（豔妝上）

短短春衫雙捲袖．

調箏花裏迷樓．

今朝全把繡簾鉤．

不敎金線柳．

遮斷木蘭舟．——（臨江仙）

妾身李貞麗．只因孩兒香君．年及破瓜．梳櫳無人．日夜放心不下．幸虧楊龍友．

替俺招了一位世家公子．就是前日飲酒的侯朝宗．家道才名．皆稱第一．今乃上頭吉日．大排筵席．廣列笙歌．清客俱到．姊妹全來．好不費事．（喚介）保兒那裏．

保兒（攝扇慢上）席前攙趣話．花裏聽情聲．媽媽喚保兒那處送衾枕麼．

麗（怒介）啐．今日香姐上頭．貴人將到．你還做夢哩．快快捲簾掃地．安排桌儿．

保兒 是了．

麗（指點排席介）

楊（新服上）

園桃紅似繡．
豔覆文君酒．
屏開金孔雀．
圍春晝．
滌了金甌．
點著噴香獸．
這當壚紅袖．

誰作溫柔．

拉與相如消受．——（一枝花）

下官楊文驄．受圓海囑托．來送梳櫳之物．（喚介）貞娘那裏．

麗（見介）多謝作伐．喜筵俱已齊備．（問介）怎麼官人還不見到．

楊　想必就來．（笑介）下官備有箱籠數件．爲香君助妝．敎人搬來．

保兒（擡箱籠首飾衣物上．）

楊（吩咐介）擡入洞房．鋪陳齊整著．

保兒（應下）

麗（喜謝介）如何這般破費．多謝老爺．

楊（袖出銀介）還有備席銀三十兩．交與廚房．一應酒殽．俱要豐盛．

麗　益發當不起了．（喚介）香君快來．

香君（盛妝上）

麗　楊老爺賞了許多東西．上前拜謝．

香（拜謝介）

楊　些須小意．何敢當謝．請回．請回．

香（即入介）

保兒（急上報介）新官人到門了。
侯（盛服從人上）雖非科第天邊客。也是嫦娥月裏人。
楊麗（迎見介）
楊　恭喜世兄。得了平康佳麗。小弟無以爲敬。草辦妝簽。粗陳筵席。聊助一宵之樂。
侯（揖介）過承周旋。何以克當。
麗　請坐。獻茶。（俱坐）
保兒（捧茶上飲介）
楊　一應喜筵。安排齊備了麼。
麗　托賴老爺。件件完全。
楊（向侯拱介）今日吉席。小弟不敢僭越。竟此告别。明日早來道喜罷。
侯　同坐何妨。
楊　不便。不便。（别下）
保兒　請新官人更衣。
侯（更衣介）
麗　妾身不能奉陪。替官人打扮新婦。攛掇喜酒罷。（别下）

丁沈張（三淸客上）一生花月張三影.（註一）五字宮商李二紅.
丁　在下丁繼之.
沈　在下沈公憲.
張　在下張燕筑.（註二）
丁　今日吃侯公子喜酒.只得早到.
張　不知請那幾位賢歌來陪俺哩.
沈　說是舊院幾個老在行.
張　這等都是我梳櫳的了.
丁　你有多大家私.梳櫳許多.
張　各人幫手.你看今日侯公子.何曾費了分文.
沈　不要多話.侯公子堂上更衣.大家前去作揖.
衆（與侯揖介）
衆　恭喜.恭喜.
侯　今日借光.
寇卞鄭（三妓女上）情如芳草連天醉.身似楊花盡日忙.（見介）
張　喚的那一部歌妓.都報名來.

鄭　你是敎坊司麼．叫俺報名．
侯（笑介）正要請敎大號．
卞　賤妾卞玉京．（註三）
侯　果然玉京仙子．
寇　賤妾寇白門．（註四）
侯　果然白門柳色．
鄭　奴家鄭妥娘．（註五）
侯（沈吟介）果然妥當不過．
張　不妥．不妥．
沈　怎麼不妥．
張　好偷漢子．
鄭　呸．我不偷漢．你如何吃得恁胖．
衆（諢笑介）
卞　官人在此．快請香君出來罷．
寇鄭（扶香君上）
沈　我們做樂迎接．

丁張沈（吹打十番介）

侯香（見介）

鄭　俺院中規矩．不興拜堂．就吃喜酒罷．

侯香（上坐）

丁沈張（坐左邊介）

寇卞鄭（坐右邊介）

保兒　（執壺上）（左邊奉酒右邊吹彈介）

侯　齊梁詞賦．

陳隋花柳．

日日芳情池逗．

青衫偎倚．

今番小杜揚州．

尋思描黛．

指點吹簫．

從此春入手．
秀才渴病急須救．
偏是斜陽遲下樓．
剛飲得一杯酒．——（梁州序）

（右邊奉酒左邊吹彈介）

香

樓臺花顫．
簾櫳風抖．
倚著雄姿英秀．
春情無限．
金釵肯與梳頭．
閒花添豔．
野草生香．
消得夫人做．
今宵燈影紗紅透．

見慣司空也應羞．

破題兒眞難就．——（梁州序）

丁 你看紅日銜山．烏鴉選樹．快送新人回房罷．

沈 且不要忙．侯官人當今才子．梳櫳了絕代佳人．合歡有酒．豈可定情無詩乎．

張 說的有理．待我磨墨拂箋．伺候揮毫．

侯 不消詩箋．小生帶有宮扇一柄．就題贈香君．永爲訂盟之物罷．

鄭 妙．妙．我來捧硯．

寇 看你這䏣臉．只好脫韈罷了．

卞 這個硯兒倒該借重香君．

衆 是呀．

香 （捧硯）

侯 （書扇介）

衆 （念介）夾道朱樓一徑斜．王孫初御富平車．靑溪盡是辛夷樹．不及東風

桃李花．（註六）

衆 好詩．好詩．香君收了．

香君（收扇袖中介）

鄭　俺們不及桃李花罷了。怎的便是辛夷樹。

張　辛夷樹者。枯木逢春也。

鄭　如今枯木逢春。也曾鮮花著雨來。

保兒　（持詩箋上）楊老爺送詩來了。

侯　（接讀介）生小傾城是李香。懷中婀娜袖中藏。緣何十二巫峯女。夢裏偏來見楚王。（註七）

侯　（笑介）此老多情。送來一首催妝詩。妙絕。妙絕。

張　『懷中婀娜袖中藏』說的香君一搦身材。竟是個香扇墜兒。（註八）

鄭　他那香扇墜。能值幾文。怎比得我這琥珀猫兒墜。

衆　（笑介）

丁　大家吹彈起來。勸新人多飲幾杯。

鄭　正是帶些酒興。好入洞房。（左右吹彈。侯香交讓酒介）

侯香　金尊佐酒籌。勸不休。

沈沈玉倒黃昏後.
私攜手.
眉黛愁.
香肌瘦.
春宵一刻天長久.
人前怎解芙蓉扣.
盼到燈昏玳筵收、
宮壺滴盡蓮花漏.——（節節高）

丁　你聽譙樓二鼓.天氣太晚、撤了席罷.

張　這樣好席.不曾吃淨.就撤了去.豈不可惜.

鄭　我沒吃够哩.衆位略等一等兒.

卞　休得胡纏.大家做樂.送新人入房罷.

衆　（起吹打十番送侯香介）

合　笙簫下畫樓.

度清謳．
迷離燈火如春晝．
天台岫．
逢阮劉．
眞佳偶．
重重錦帳香薰透．
旁人妒得眉頭皺．
酒態扶人太風流．
貪花福分生來有．——（節節高）

保兒（執燈）
侯香（攜手下）
張　我們都配成對兒。也去睡罷。
鄭　老張休得妄想．我老妥是要現錢的。
張　（數與十分錢拉介）

鄭（接錢再數換低錢譚下）

合 秦淮烟月無新舊。脂香粉膩滿東流。夜夜春情散不收。——（尾聲）

丁 江南花發水悠悠。

寇 人到秦淮解盡愁。

沈 不管烽烟家萬里。

卞 五更懷裏囀歌喉。

（註一）錢牧齋贈張燕筑詩云。『一生花月張三影。兩鬢滄桑郭四朝。』此用其一句。

（註二）板橋雜記云。『丁繼之扮張驢兒。張燕筑扮賓頭盧。朱維章扮武大郎。皆妙絕一世。丁張二老並壽九十餘。錢虞山（謙益）題三老圖詩。末句云。「秦淮烟月經遊處。華表歸來白鶴知。」不勝黃公酒壚之歎。』又云。『曲中狎客。則有張卯官笛。張魁官簫。管五官管子。吳章甫絃索。錢仲文打十番鼓。丁繼之張燕筑沈元甫王公遠朱維章串戲柳敬亭說書。』又云。『沈公憲以串戲擅長。當時推爲第一。』公憲元甫。是一是二。待考。丁沈張三人中。丁名最烜赫。錢牧齋集中題贈之詩。前後十餘首。其題丁老畫像絕句云。『倚杖鍾山看落暉。人民城郭總依稀。閒指老眼臨青鏡。可是重來丁令威。』尙有壽丁繼之七十。丁老行。題丁家河房亭子。留題丁家水閣絕句等篇。龔芝麓定山堂集有題丁繼之秦淮水閣。淸河道上丁繼之送別。九日邀諸君聽張燕筑丁繼之度曲等篇。王漁洋曾偕繼之游山。見池北偶談。且記其名爲丁胤。云亭譜桃花扇。請丁繼之之友爲度曲。著之本末漫逃中。可見其聲名傾動一時矣。錢龔集中亦有贈張燕筑詩。惟沈公憲除板橋雜記外。他書罕見其名。

（註三）卞玉京事見第五齣注三。

（註四）板橋雜記云。『寇湄字白門。錢虞山詩云。「寇家姊妹總芳菲。十八年來花信違。今日秦淮恐相值。防他紅淚一沾衣。」則寇家多佳麗。白門其一也。白門娟娟靜美。跌蕩風流。能度曲。善畫蘭。粗知拈韻吟詩。然滑易不能竟學。十八九時。爲保國公購之。貯以金屋。如李掌武之謝秋娘也。甲申三月。京師陷。保國生降。家口悉沒入官。白門以千金予保國贖身。跳匹馬短衣。從一婢南歸。歸爲女俠。築園亭。結賓客日與文人騷客相往還。酒酣以往。或歌或哭。亦自歎美人之遲暮。嗟紅豆之飄零也。旣從揚州某孝廉。不得志。復還金陵。老矣。猶日與諸少年伍。臥病時。召所歡韓生來，綢繆悲泣。欲留之偶寢。韓生以他故辭。猶執手不忍別。至夜聞韓生在婢房笑語。奮身起喚婢。自箠數十。咄咄罵韓生負心禽獸行。欲嚙其肉。病逾劇。醫藥罔效。遂以死。虞山金陵雜題有云。「叢殘紅粉念君恩。女俠誰知寇白門。黃土蓋棺心未死。香丸一縷是芳魂。」』婦人集云。『寇白門南院數坊中女也。朱保國公娶姬時。令甲士五十俱執絳紗燈。照耀如同白晝。國初籍沒諸勳衞。朱盡室入燕都。次第賣歌姬自給。姬度亦在所遣中。一日謂朱曰。公若賣妾。計所得不過數百金。徒令妾落沙吒利之手。且妾固未暇即死。尙能持我公陰事。不若使妾南歸。一月之間。當得萬金以報。公度無可奈何。縱之歸越。一月果得萬金。』吳梅村有贈寇白門絕句四首。其一云。『南內無人吹洞簫。莫愁湖畔馬蹄驕。殿前伐盡靈和柳。誰與蕭娘鬬舞腰。』

（註五）況夔笙（周儀）香東漫筆云。『鄭如英。字無美。小字妥娘。工詩詞。與卞賽寇媚相詡栩也。桃花扇傳奇眠香選優等齣。以阿丑之詼諧。作無鹽之刻畫。肆筆打諢。若瓦街陋姝一丁不識者然。殆未深考。虞山（錢牧齋）金陵雜題。「舊曲新詩壓教坊。縷衣垂白感湖湘。閒開閏集教孫女。身是前朝鄭妥娘。」板橋雜記謂，「頓老琵琶。妥娘詞曲。祇應天上。難得人間。」漁洋秋柳詩。唐蓀年云爲妥娘作。風調可想。妥娘詩載列朝詩選閏集。雨中送期蓮生云。「執手難分處。前車問板橋。愁從風裏長。魂向別時銷。客路雲兼樹。妝樓暮與朝。心旌誰復定。幽夢任搖搖。」春日寄懷云。「月落西軒夜色闌。孤衾不耐五更寒。君情莫作花梢露。纔對朝曦濕便乾。」「沈沈無語意如癡。春到窗前竟不知。忽見寒梅香欲褪。一枝猶憶寄相思。」又徐興公筆精云。「冒伯麐選秦淮四美詩。曰。馬湘蘭。趙今燕。朱泰玉。鄭無美。各以風情韻態。價重一時。」鄭詩留秋云。「我欲留秋住。寒衣不忍裁。歸期何用速。尙有海棠開。」答潘景升寄懷云。「投我以明鏡。照妾如蓬首。報以凝桂脂。餘膏染君手。遺我屑金墨。報君芙蓉紙。含豪若有懷。應念人千里。」閨懷云。「曲曲迴廊十二闌。風飄羅袂怯春寒。桃花帶雨如含淚。只恐多情不忍看。」「欲拊朱絃韻未調。琴心不奈可憐宵。移來月色簾生白。遮莫鄰鐘破寂寥。」春日寄懷云。「春深鎖日雨瀟瀟。任是無懷也寂寥。最苦與君初別後。孤幃無寐坐通宵。」「春到深閨徑草迷。柳搖新綠拂牆低。天涯人去歸期杳。空立樓頭聽馬嘶。」酒次述懷云。「浪說掌書仙。塵心謫九天。喧卑良以厭。微逐苦相牽。綠綺音誰賞。紅樓月任圓。羞題班女扇。嬾擘薛濤箋。度曲翻成偈。鍾情豈是禪。皈依元素志。隨落亦前緣。以我方求渡。逢君轉自憐。眼中知己在。說已竟徒妍。」又明詞綜鄭妥娘浪淘沙云。「日午倦梳頭。風靜簾鈎。一窗花影擁香篝。試問別來多少恨。江水悠悠。新燕語春秋。淚溼羅裯。何時重話水邊樓。夢到天涯芳草暮。不見歸舟。」著有紅豆詞。采入衆香集。茲並錄之。俾讀曲者資考證焉。」

（註六）此詩見四憶堂詩集卷二。題曰贈人。

（註七）此詩乃余澹心贈香君之作。魏子一（學濂）爲題壁者。見板橋雜記。
（註八）原批云。『香君身材嬌小。諢號「香扇墜。」舊院人多呼之。

第七齣　卻奩（註一）

畢竟我婦人家難決雌雄。
則願你
決雌雄的放出些男兒勇
　　吳梅村臨春閣。

時間　明崇禎十六年癸未三月十六日晨。
地點　南京秦淮河媚香樓。
人物　保兒——雜。
　　楊龍友——末。
　　李貞麗——小旦。
　　侯朝宗——生。
　　李香君——旦。
布景一——幕外。

備用物——馬桶.

保兒（撥馬桶上.）

龜尿龜尿.撒出小龜.
鼈血鼈血.變成小鼈.
龜尿鼈血.看不分別.
鼈血龜尿.說不清白.
看不分別.混了親爺.
說不清白.混了親伯.

（笑介）胡鬧.胡鬧.昨日香姐上頭.亂了半夜.今日早起.又要刷馬桶.倒溺壺.忙箇不了.那些孤老表子.還不知摟到幾時哩.（刷馬桶介.）

楊龍友（上.）

人宿平康深柳巷.
驚好夢門外花郎.
繡戶未開.
簾鉤纔響.

春阻十層紗帳。——（夜行船）

下官楊文驄，早來與侯兄道喜。你看院門深閉，侍婢無聲，想是高眠未起。（喚介）保兒，你到新人窗外，說我早來道喜。

保兒　昨日睡遲了，今日未必起來哩，老爺請回，明日再來罷。

楊（笑介）胡說，快快去問。

麗（内問介）保兒，來的是那一箇。

保　是楊老爺道喜來了。

麗（忙上）

倚枕春宵短，
敲門好事多。

（見介）多謝老爺，成了孩兒一世姻緣。

楊　好說。（問介）新人起來不曾。

麗　昨晚睡遲，都還未起哩。（讓坐介）老爺請坐，待我去催他。

楊　不必，不必。

麗（下）

楊　兒女濃情如花釀。

美滿無他想．
黑甜共一鄉．
可也虧了俺幫襯——
珠翠輝煌．
羅綺飄蕩．
件件助新妝．
懸出風流榜．——（步步嬌）

麗（上）好笑．好笑．兩箇在那裏交扣丁香．並照菱花．梳洗纔完．穿戴未畢．請老爺同
到洞房．喚他出來．好飲扶頭卯酒．
楊 驚卻好夢．得罪不淺．
（同下）（幕開．）
布景二——李香君洞房．
備用物——花翠．新衣．詩扇．
侯香（豔妝上．）

侯 這雲情接着雨況．剛搔了心窩奇痒．誰攪起睡鴛鴦．被翻紅浪．喜匆匆滿懷歡暢．

合 枕上餘香．帕上餘香．消魂滋味．纔從夢裏嘗．

楊麗（上）

楊 果然起來了．恭喜．恭喜．

（一揖坐介）

楊 昨晚催妝詩句．可還說的入情麼．

侯 （揖介）多謝．（笑介）妙是妙極了．只有一件——

楊　那一件.
侯　香君雖小.還該藏之金屋.(看袖介.)小生衫袖.如何著得下.
(俱笑介)
楊　夜來定情.必有佳作.
侯　草草塞責.不敢請教.
楊　詩在那裏.
香　詩在扇頭.(向袖中取出扇介.)
楊(接看介)是一柄白紗宮扇.(嗅介.)香的有趣.(吟詩介.)妙妙.只有香君不愧此詩.(付香介.)還收好了.
香(收扇介)
楊　正芬芳桃香李香.
都題在宮紗扇上.
怕遇著狂風吹蕩.
須緊緊袖中藏.
須緊緊袖中藏.——(園林好)

楊（看香介）你看香君上頭之後．更絕豔麗了．（向侯介．）世兄有福．消此尤物．

侯 香君天姿國色．今日插了幾朶珠翠．穿了一套綺羅．十分花貌．又添了二分．果然可愛．

麗 這都虧了楊老爺幫襯哩．

送到纏頭錦．

百寶箱．

珠圍翠繞流蘇帳．

銀燭籠紗通宵亮．

金杯勸酒合席唱．

今日又早早來看——

恰似親生自養．

賠了妝奩．

又早敲門來望．——（紅兒水）

香 俺看楊老爺．雖是馬督撫至親．却也拮据作客．爲何輕擲金錢．來塡烟花之窟在奴家受之有愧．在老爺施之無名．今日問箇明白．以便圖報．
香君問得有理．小弟與楊兄萍水相交．昨日承情太厚．也覺不安．
既蒙問及．小弟只得實告了．這些妝奩酒席．約費三百餘金．皆出懷寧之手．
那箇懷寧．
曾做過光祿的阮圓海．
是那皖人阮大鋮麼．
正是．
他爲何這樣周旋．
不過欲納交足下之意．

侯楊侯楊侯楊侯楊

羡你風流雅望．
東洛才名．
西漢文章．
逢迎隨處有．
爭看坐車郎．
秦淮妙處．

暫尋箇佳人相傍。也要些鴛鴦被芙蓉妝。你道是誰的。是那南鄰大阮。嫁衣全忙。——（五供養）

侯　阮圓老原是敝年伯。小弟鄙其爲人。絕之已久。他今日無故用情。令人不解。

楊　圓老有一段苦衷。欲見白於足下。

侯　請教。

楊　圓老當日曾遊趙夢白之門。原是吾輩。後來結交魏黨。只爲救護東林。不料魏黨一敗。東林反與之水火。近日復社諸生。倡論攻擊。大肆毆辱。豈非操同室之戈乎。圓老故交雖多。因其形跡可疑。亦無人代爲分辨。每日向天大哭。說道。『同類相殘。傷心慘目。非河南侯君不能救我。』所以今日諄諄納交。

侯　原來如此。俺看圓海。情辭迫切。不覺可憐。就便眞是魏黨。悔過來歸。亦不可絕之太甚。況罪有可原乎。定生次尾皆我至交。明日相見。卽爲分解。

楊　果然如此。吾黨之幸也。

香（怒介）官人是何說話．阮大鋮趨附權奸．廉恥喪盡．婦人女子．無不唾駡．他人攻之．官人救之．官人自處於何等也．

不思想．把話兒輕易講．要與他消釋災殃——要與他消釋災殃．——也提防旁人短長．

官人之意．不過因他助我妝奩．便要徇私廢公．那知道這幾件釵釧衣裙．原放不到我香君眼裏．（拔簪脫衣介．）

脫裙衫．窮不防．布荆人．名自香．——（川撥棹）

楊 呵呀．香君氣性．忒也剛烈．（註二）

（侯）　（麗）把好好東西。都丢一地。可惜。可惜。（拾介。）好。好。好。這等見識。我倒不如。眞乃侯生畏友也。（向楊介。）老兄休怪。弟非不領教。但恐爲女子所笑耳。（註三）

平康巷。他能將名節講。偏是咱學校朝堂。偏是咱學校朝堂。混賢奸不問青黄。那些社友平日重俺侯生者。也只爲這點義氣。我今依附奸邪。那時羣起來攻。自救不暇。焉能救人乎。節和名。非泛常。重和輕。須審詳。——（川撥棹）

楊　圓老一段好意．也還不可激烈．
侯　我雖至愚．亦不肯從井救人．
楊　既然如此．小弟告辭了．
侯　這些箱籠．原是阮家之物．香君不用．留之無益．還求取去罷．
楊　正是．
多情反被無情惱．
乘興而來興盡還．
（下．）
香（惱介）
侯（看香介）俺看香君天姿國色．摘了幾朶珠翠．脫去一套綺羅．十分容貌．又添十分．更覺可愛．
麗　雖如此說．捨了許多東西．倒底可惜．
金珠到手輕輕放．
慣成了嬌癡模樣．
孤負俺辛勤做老娘．——（尾聲）

侯　些須東西．何足挂念．小生照樣賠來．

麗　這等纔好．

麗　花錢粉鈔費商量．

香　裙布釵荆也不妨．

侯　只有香君能解佩．

香　風標不學世時妝．

（註一）阮大鋮自防亂公揭刊播後．欲納交於侯朝宗．此事實也．朝宗之不爲大鋮所賣．頗得李香君提醒之力．此亦事實也．大鋮因此大恨朝宗以及香君．此亦事實也．但大鋮所夤緣以納交者並非楊龍友．其納交手段亦非贈香君妝奩．其事又在崇禎十二年而非在十六年．讀朝宗所作李姬傳自悉．傳云

『大鋮屏居金陵．爲淸議所斥．陽羨陳貞慧貴池吳應箕實首其事．持之力．大鋮不得已．欲侯生爲觧之．乃假所善王將軍日載酒食與侯生游．姬曰「王將軍貧．非結客者．公子盍叩之．」侯生三問．將軍乃屏人述大鋮意．姬私語侯生曰「妾少從假母識陽羨君．其人有高義．聞吳君尤錚錚．今皆與公子善．奈何以阮公負至交乎．」……生大呼稱善．醉而臥．王將軍者殊怏怏．因辭去．』

又朝宗癸未去金陵日與阮光祿書亦云

『……忽一日有王將軍過僕甚恭．每一至必邀僕爲詩歌．既得．必喜而爲僕貰酒奏伎招遊

舫攔山屐。殷殷積旬不倦。僕初不解。既而疑以問將軍。將軍乃屏人以告僕曰「是皆阮光祿所願納交於君者也。光祿方爲諸君所詬。願更以道之君之友陳君定生吳君次尾。庶稍湔乎。」僕斂容謝之曰。「光祿身爲貴卿。又不少佳賓客。足自娛。安用此二三書生爲哉。僕道之兩君。必重爲兩君所絕。若僕獨私從光祿遊。又竊恐無益光祿。辱相款八日。意良厚。然不得不絕矣。」……」

右兩段敍述此事始末甚明。然則爲阮奔走者實一不知名之王將軍。而於龍友無與。其所藉以納交者。亦不過貰酒招舫等事。與香君妝奩無與。香君亦不過勸朝宗擇交。無所謂卻奩之事也。其事又當在己卯而非在癸未。何以知之。朝宗之識香君在己卯。明見李姬傳。朝宗又有答田中丞書。言「未幾下第去。不復更與李相見。」據年譜。朝宗己卯下第後。庚辰返商丘。主雪苑社。辛巳曾一遊建德。壬午則隨其父在軍中旋爲叛將劉超所劫。其間皆無從與香君見面也。揣度當時情形。蓋己卯春間。公揭刊播大鋮窘甚。正無所爲計。適値朝宗南遊。聲華藉甚。陳吳新與交契。大鋮見朝宗齒稚。謂可愚弄。又恃與其家有年誼。故欲利用之。朝宗未始不爲所動。而香君俠且慧。能匡朝宗勿使陷非義。此其事固有可傳者。云亭度曲。惟取其意。而稍易其人其事及其時。既非作史。原不必刻舟求劍也。

（註二）香君氣性剛烈。當是實情。婦人集冒褒註於李香條下引有朝宗與陳處士（當即定生）一小札云。

「昨域歸來。有人倚闌小語。謂足下與域至契。既知此舉必在河亭。凝望冀月落星隱。少巾夙諸。不意足下誘李君虞作薄倖十郎也。然則一夜徬徨失卻十年相知。羅袖拂衣。又誰信此盛遇乎。域即冒受法太過之嫌。然有意外之逢。此即至誠之報也。足下表章。自是不藏善之美。其實天王明聖不介而孚。遭際如此。臣願畢矣。今日雅集。亟欲過談。而香姬盛怒。足下謂昨日乘其作主。而私讌十郎。堅不可解。則域雖欲過從。恐與人臣無私交之義。未有當也。」

此雖僅寫香君憨妒之態。然其風調略可見。

（註三）朝宗答田中丞書云：『僕雖書生。常恐一有蹉跌。將爲此妓所笑。』

第八齣 鬧榭

公子豪華盡妙才。
秦淮燈舫一時開。
千金置酒渾閒事。
不許奄兒入社來。

——陳于玉。題桃花扇詩。

時間 明崇禎十六年癸未五月。

地點 南京秦淮河。

人物 陳貞慧——末。
吳應箕——小生。
侯朝宗——生。
李香君——旦。

柳敬亭——丑．

蘇崑生——淨．

阮大鋮——副淨．

小僮——雜．

優人——衆雜．

布景——場上搭河房一座．懸燈垂簾．

備用物——燈籠．酒壺．酒杯．燈船三．樂器．筆．硯．箋．

陳貞慧吳應箕（上）

陳　貢院秦淮近．

賽靑衿．鰧金零粉．

吳　節鬧端陽只一瞬．

滿眼繁華．

王謝少人問．——（金鷄叫）

陳（喚吳介）次尾兄．我和你旅邸抑鬱．特到秦淮賞節．怎的不見同社一人．

吳　想都在鐙船之上．（指介）這是丁繼之水榭．（註一）正好登眺．

（同登介）
陳（喚介）丁繼老在家麼。
小僮（上）榴花紅似火，艾葉碧如烟。（見介）原來是陳吳二位相公。我家主人。赴燈船會去了。家中備下酒席。但有客來。隨便留坐的。
陳　這般有趣。
吳　可稱主人好事矣。
陳　我們在此雅集。恐有俗子闖入。不免設法拒絕他。（喚介。）童子取箇燈籠來。
僮（應下）（取燈籠上。）
陳（寫介）『復社會文。閒人免進。』
僮（挂燈籠介。）
吳　若同社友到此。便該請他入會了。
陳　正是。
僮（指介）你聽鼓吹之聲。燈船早已來也。

陳吳(凭闌望介.)

侯朝宗李香君柳敬亭蘇崑生(吹彈鼓板坐船上.)

陳　絲竹隱聞.

　　載將來——

　　一隊烏帽紅裙.

　　天然風韻.

　　映著柳陌斜曛.

　　名姝也須名士襯.

　　畫舫偏宜畫閣鄰.

吳　消魂.

　　趁晚涼仙侶同羣.——(八聲甘州)

陳(指介)那燈船上.好似侯朝宗.

吳　侯朝宗是我們同社.該請入會的.

陳(指介)那箇女客.便是李香君.也好請他麼.

吳　李香君不受阮鬍子妝奩．竟是復社的朋友．請來何妨．

陳　這等說來．（指介．）那兩個吹歌的——柳敬亭蘇崑生——不肯做阮鬍子門客．都是復社朋友了．請上樓來．更是有趣．

吳　待我喚他．（喚介．）侯社兄．侯社兄．

侯（望見介）那水榭之上．高聲喚我的．是陳定生吳次尾．（拱介．）請了．

陳（招手介）這是丁繼之水榭．備有酒席．侯兄同香君敬亭崑生都上樓來．大家賞節罷．

侯　最妙了．（向柳蘇香介．）我們同上樓去．（吹彈上介．）

侯香　龍舟並．畫槳分．葵花蒲葉泛金尊．朱樓密．紫障勻．吹簫打鼓入層雲．——（排歌）

（見介．）

陳　四位到來．果然成了箇『復社文會』了．

侯　如何是『復社文會』

吳（指燈介）請看。

侯（看燈籠介）不知今日會文。小弟來的恰好。

柳　『閒人免進』我們未免唐突矣。

吳　你們不肯做阮家門客的。那箇不是復社朋友。

侯　難道香君也是復社朋友麼。

吳　香君却歛一事。只怕復社朋友。還讓一籌哩。

陳　已後竟該稱他老社嫂了。

香（笑介）豈敢。

陳（喚介）童子把酒來斟。我們賞節。

（陳吳侯坐一邊。柳蘇香坐一邊。飲酒介。）

陳吳　相親。

風流俊品。

滿座上都是語笑春溫。

柳蘇　梁愁隋恨。

憑他燕惱鶯嗔。

侯香　榴花照樓如火噴。
　　　暑汗難沾白玉人。

僮（報介）燈船來了。燈船來了。（指介）你看人山人海。圍着一條燭龍。快快看來。

衆（起凭闌看介）

（扮出燈船懸五色角燈大鼓大吹繞場數回下。）

柳　你看這般富麗。都是公侯勳衛之家。

（又扮燈船懸五色紗燈打粗十番繞場數迴下。）

蘇　這是些富商大賈。衙門書辦。卻也鬧熱。

（又扮燈船懸五色紙燈打細十番繞場數迴下。）

陳　你看船上喫酒的。都是些翰林部院老先生們。

吳　我輩的施爲。倒底有些郊寒島瘦。

衆（笑介。）

合　紛紜——
　　望金波天漢迷津。——（八聲甘州）

侯　夜闌更深．燈船過盡了．我們做篇詩賦．也不負會文之約．

陳　是是．但不知做何題目．

吳　做一篇哀湘賦．倒有意思的．

侯　依小弟愚見．不如即景聯句．更覺暢懷．

陳　妙．妙．（問介）我三人誰起誰結．

侯　自然讓定生兄起結了．

柳　（問介）三位相公聯句消夜．俺們三箇陪著打盹麼．

陳　也有箇借重之處．

蘇　有何使喚．

陳　俺們每成四韻．飲酒一杯．你們便吹彈一回．

侯　有趣．有趣．眞是文酒笙歌之會．

陳　（拱介）小弟竟僭了．

（吟介）賞節秦淮榭．淪心劇孟家．

吳　黃開金裹葉．紅綻火燒花．

侯　蒲劍何須試．葵心未肯差．

陳　避兵逢綵縷．卻鬼得丹砂．

陳吳侯（飲酒介．）
（柳擊雲鑼．蘇彈月琴．香吹簫一回介．）
吳　蜃市樓縹緲．虹橋洞曲斜．
侯　燈疑羲氏馭．舟是豢龍拏．
陳　星宿纔離海．玻璃更鍊媧．
吳　光流銀漢水．影動赤城霞．
（照前飲酒吹彈介．）
侯　玉樹難諧拍．漁陽不辨撾．
陳　龜年喧笛管．中散鬧箏琶．
吳　擊纜千條錦．連腮萬眼紗．
侯　楸枰停鬬子．瓷注屢呼茶．
（照前飲酒吹彈介．）
陳　焰比焚椒烈．聲同對壘譁．
吳　電雷爭此夜．珠翠騰誰家．
侯　螢照無人苑．烏啼有樹衙．
陳　憑欄人散後．作賦弔長沙．

（照前飲酒吹彈介。）

衆（起介。）有趣。有趣。竟聯成一十六韻。明日可以發刻了。

陳　我們唱和得許多感慨。他們吹彈出無限淒涼。樓中船中。料無解人也。

吳（向柳介）閒話且休講。自古道良宵苦短。勝事難逢。我兩箇一邊唱曲。陳吳二位相公。

蘇　一邊勸酒。讓他名士美人。另做一箇風流佳會何如。

柳　使得。這是我們幫閒本等也。

陳　我與次兄。原有主道。正該少申敬意。

吳　就請依次坐來。

（侯香正坐陳吳坐左。柳蘇坐右介。）

侯（向香介）承衆位雅意。讓我兩箇並坐牙牀。又喫一回合巹雙杯。倒也有趣。

香（做笑介。）

陳吳（勸酒。）

蘇柳（唱介。）

歌纔發。

燈未昏。

佳人重抖玉精神

詩題壁．

酒沾唇．

才郎偏會話溫存．——（排歌）

僮（報介）燈船又來了．

陳　夜已三更．怎的還有燈船．

（俱起凭欄望介．）

阮大鋮（坐燈船優人細吹細唱緩緩上．）

蘇　這船上像些老白相．大家洗耳．細細領略．

阮（立船頭自語介）我阮大鋮買酒載歌．原要早出遊賞．只恐遇著輕薄廝鬧．故此半夜纔來．好惱人也．（指介）那丁家河房．尚有燈火．（喚介）小廝．看有何人在上．

雜（上岸看回報介）燈籠上寫著『復社會文．閒人免進．』

阮（驚介）了不得了不得．（搖袖介）快歇笙歌．快滅燈火．

（滅燈止吹悄悄撐船下．）

陳　好好一隻燈船。爲何歇了笙歌。滅了燈火。悄然而去。

吳　這也奇怪。快著人看來。

柳　不必去看。我老眼雖昏。早已看眞了。那箇鬍子。便是阮圓海。

蘇　我道吹歌。那樣不同。

陳（怒介）好大膽老奴才。這貢院之前。也許他來遊耍麼。（註二）

吳　待我走去採掉他鬍子。（欲下介）

侯（攔介）罷罷。他既迴避。我們也不必爲已甚之行。

陳　侯兄。不知我不已甚。他便已甚了。

柳　船已去遠。丟開手罷。

吳　便益了這鬍子。

香　夜色已深。大家散罷。

柳　香姐想媽媽了。我們送他回去。

陳吳　我二人不回寓。就下榻此間了。

侯　兩兄既不回寓。我們過船的。就此作別罷。請了。

陳吳　請了。（先下）

侯香柳蘇（下船雜搖船行介。）

下樓臺遊人盡
小舟留得一家春.
只 怕花底難敲深夜門.——（餘文）
侯 月落烟濃路不眞.
香 小樓紅處是東鄰.
柳 秦淮十里盈盈水.
蘇 夜半春帆送美人.

（註一）錢牧齋有題丁家河房亭子詩.自註云.『在靑溪笛步之間.』詩云.『花邊柳外市朝新.夢裏華胥自好春.夾岸麴塵三月柳.疏窗金粉六朝人.小姑溪水爲鄰並.邀笛風流是後身.白首吳鈎仍惜客.看囊一笑是長貧.』牧齋芝麓皆常假寓丁家水榭.題詠甚多.

（註二）鬧榭亦未必實有其事.不過借以寫復社少年驕氣.

第九齣 撫兵

慰三軍沒別法.
許就糧喧聲纔罷.

誰知俺一片葵傾向日花。

——本詞。

時間　明崇禎十六年癸未七月。

地點　武昌寧南侯營中。

人物　二將官——副淨。末。

四小卒——雜。

左良玉——小生。

布景　寧南侯營中點卯陞帳處。

備用物　令箭。

二將。四卒（上。）

旗捲軍牙。

射潮弩發鯨鯢怕。

操弓試馬。

鼓角斜陽下。

俺們鎮守武昌兵馬大元帥寧南侯麾下將士是也。今日點卯日期。元帥陞帳。

只得在此伺候.

（吹打開門介）

左（戎裝扮上）七尺昂藏.
虎頭燕頷如畫.
莽男兒走遍天涯.
活騎人.
飛食肉.風雲叱咤.
報國恩.
一腔熱血揮洒.——（粉蝶兒）

建牙吹角不聞喧.三十登壇衆所尊.家散萬金酬士死.身留一劍答君恩.咱家左良玉.(註一)表字崑山.家住遼陽.世爲都司.只因得罪罷職.補糧昌平.幸遇軍門侯恂.拔於走卒.(註二)命爲戰將.不到一年.又拜總兵之官.北討南征.功加侯伯.强兵勁馬.列鎭荆襄.（作勢介）看俺左良玉.自幼學習武藝.能挽五石之弓.善爲左右之射.那李自成、張獻忠、幾個毛賊.何難剿滅.只可恨督師無人.機宜錯過。熊文燦、楊嗣昌、既以偏私而敗績。丁啓睿、呂大器、又因怠玩而無功。(註三)只有俺恩帥侯公。智勇兼全。儘能經理中原。不意奸人忌功。纔用卽休。(註四)叫俺一腔熱血。報主無期。好不恨也。(頓足介)罷。罷。罷。這湖南湖北。也還可戰可守。且觀成敗。再定行藏。(坐介)

內(作衆兵喊叫)

左(驚問介)轅門之外。何人喧嘩。

二將官(稟介)稟上元帥。轅門肅靜。誰敢喧嘩。

左(怒介)現在喧嘩。怎報沒有。

二將官　那是飢兵討餉。並非喧嘩。

左　咗。前自湖南借粮三十船。不到一月。難道支完了。

二將官　稟元帥。本鎭人馬。已足三十萬了。些須粮草。那够支銷。

左(拍案介)呵呀。這等卻也難處哩。(立起唱介)

你看中原豺虎亂如麻。

都窺伺龍樓鳳闕帝王家。

有何人勤王報主。

肯把義旗拏，那督師無老將。選士皆嬌娃。卻教俺自撐達。卻教俺自撐達。正騰騰殺氣，這軍粮又早缺乏。一陣陣拍手喧嘩。一陣陣拍手喧嘩。百忙中教我如何答話。好一似薨薨白晝鬧蜂衙。——（北石榴花）

（坐介）

內（又喊介）

左　你聽外邊將士。益發鼓譟。好像要反的光景。左右聽俺吩咐。（立起唱介）

您不要錯怨咱家。
您不要錯怨咱家。
誰不是天朝犬馬。
他三百年養士不差。
三百年養士不差。
都要把良心拍打。
爲甚麼擊鼓敲門鬧轉加。
敢則要劫庫搶官衙。
俺這裏望眼巴巴。
俺這裏望眼巴巴。
候江州軍粮飛下。——（上小樓）

（坐介）（抽令箭擲地介）

二將官（拾箭向內吩咐介）元帥有令三軍聽者。目下軍餉缺乏。乃人馬歸附之多。非粮草積屯之少。朝廷深恩。不可不報。將軍嚴令。不可不遵。況江西助餉。指日到轅．各宜靜聽．勿得喧嘩．

二將官（回話介）奉元帥軍令．俱已曉諭三軍了．

內（又喊叫介）

左　怎麼鼓噪之聲．漸入轅門。你再去吩咐．（立起唱介）

您且忍枵腹這一宵．

盼江西那幾艖．

俺待要飛檄金陵．

俺待要飛檄金陵．

告兵曹轉達車駕．

許咱們遷鎮移家．

許咱們遷鎮移家．

就粮東去．

安營歇馬．

駕樓船到燕子磯邊耍．——（黃龍犯）

二將官（持令箭向內吩咐介）元帥有令。三軍聽者。糧船一到。即便支發。仍恐轉運維艱。枵腹難待。不日撤兵漢口。就食南京。（註五）永無缺乏之虞。同享飽騰之樂。各宜靜聽。勿再喧嘩。

內（歡呼介）好。好。好。大家收拾行裝。豫備東去呀。

二將官（回話介）稟上元帥。三軍聞令。俱各歡呼散去了。

左　事已如此。無可奈何。只得擇期移鎮。暫慰軍心。（想介）且住。未奉明旨。輒自前行。雖聖恩寬大。未必加誅。只恐行跡之間。難免天下之議。事非小可。再作商量。

慰三軍沒別法。
許就糧喧聲纔罷。
誰知俺一片葵傾向日花。——（尾聲）（下）

甲將官　老哥。咱兄弟們商量。天下強兵勇將。讓俺武昌。明日順流東去。料知沒人抵當。大家擁着元帥爺。一直搶了南京。就扯起黃旗。往北京進取。有何不可。

乙將官（搖手介）我們左爺忠義之人。這樣風話。且不要題。依著我說。還是移家就糧。且吃飽飯爲妙。

甲將官　你還不知．一移南京．人心驚慌．就不取北京．這箇惡名也免不得了．

乙　紛紛將士願移家．

甲　細柳營中起暮笳．

乙　千古英雄須打算．

甲　樓船東下一生差．

（註一）桃花扇於左良玉袒護過甚．今據明史本傳分年記其重要事蹟以資參考．

崇禎五年．良玉始以副將將昌平兵勦河南賊．

六年．春夏間．良玉敗賊於涉縣．於沁河．於官村．於清化．於萬善．冬間．賊乃竄盧氏山中．由此自鄖襄入川．賊既渡河去．良玉與諸將分地守．

七年．春夏間．中州無事．六月．李自成自車箱脫出．分三軍寇擾．一向慶陽．一趨鄖陽．一出關趨河南．良玉當其趨河南者．扼新安澠池．緩追養寇．多收降者以自重．督撫檄調．不時應命．

八年．與賊相持於河南．前後十餘戰．互有勝負．而賊益張．

九年．二月．賊敗於登封．總兵九州由嵩縣深入．約與良玉夾勦．良玉中道遁歸．九州以無援敗沒．良玉反以捷聞．七月．良玉出開封渡河擊賊．斬獲頗衆．巡撫楊繩武劾其避賊．令戴罪自贖．

十年．安慶告警．詔良玉救之．連戰大破賊．巡撫張國維三檄良玉入山搜勦．不應．放兵掠婦女．已而浙川六合天長盱眙陷．良玉擁兵不救．十月．以熊文燦督師．良玉輕文燦不為用．

十一年．正月．良玉大破賊於鄖西．張獻忠僞降．良玉請擊之．文燦不許．十二月．許州兵變．良玉家在許．殲焉．

十二年。七月。獻忠叛去。良玉追之。大敗。棄軍資千萬餘。士卒死者萬人。

十三年。春。拜良玉平賊將軍。受督師楊嗣昌節制。嗣昌令良玉守興平。良玉自率師入蜀擊張獻忠。二月。大敗之於瑪瑙山。以功加太子少保。獻忠遣人操重寶啗良玉曰。『獻忠在故公見重。公所部多殺掠。而閣部猜且專。無獻忠。卽公滅不久矣。』良玉心動。縱之去。嗣昌召良玉合擊。九檄皆不至。

十四年。正月。諸軍追賊於開縣。良玉兵先潰。獻忠遂席卷出川西。以計紿入襄陽城。嗣昌不食卒。五月。獻忠陷南陽。良玉追躡至。賊遁去。既而獻忠陷鄖西。掠地至信陽。屢勝而驕。良玉從南陽進兵大破之。降其衆數萬。

十五年。三月。李自成圍開封。乃釋侯恂於獄。起爲督師。良玉會師於朱仙鎭。見賊勢盛。一夕拔營遁。衆軍望見皆潰。自成躡其後猛擊之。良玉大敗走襄陽。詔恂距河圖賊。而令良玉以兵來會。良玉畏自成遷延不至。九月。自成決河灌開封。恂罷職。時良玉壁樊城。自成乘勝攻之。良玉宵遁。引舟師下至武昌。縱兵大掠。

十六年。正月。良玉兵東下。駐安慶。部將王允成倡寄帑南京之議。諜而東。南京諸文武官陳師江上。爲守禦。都御史李邦華檄良玉以危師動之。乃止。久之。徐溯九江上。聞獻忠破湖廣。沈楚王於江。坐視不救。八月。乃入武昌立軍府。時朝命呂大器代侯恂督師。且逮恂下獄。良玉知爲己故。益鞅鞅。令獻忠從荊河入蜀。荊襄諸賊。因自成入關盡徙。良玉乃犄賊後。收其空虛地以自爲功。

十七年。正月。詔封良玉寧南伯。畀其子夢庚平賊將軍印。三月。聞京師陷。諸將洶洶以江南自立君請引兵東下。良玉慟哭不許。福王晉良玉爵爲侯。時良玉有兵八十萬。號百萬。

弘光元年(卽順治二年)四月。良玉傳檄討馬士英阮大鋮。率師東下。至九江病卒。

（註二）壯悔堂集寧南侯傳云．「良玉少起軍校．官遼東都司．坐法當斬、同犯者願獨任之．得免死．乃走昌平軍門求事司徒公．（案．侯恂也）司徒公嘗役使之．命以行酒……會大淩河圍急．詔下昌平軍赴救楡林．……公且遣將．總兵尤世威薦良玉．……良玉方為走卒．……即夜遣世威前諭意．漏下四鼓．司徒公竟自詣良玉邸舍請焉……詰旦會轅門．大集諸將．送良玉行．賜之巵酒三．令箭一．曰「三巵酒者．以三軍屬將軍也．令箭如吾自行」……良玉既出．以首叩轅門墀下曰「此行倘不建功．當自刎其頭」已而果連戰松山杏山下．錄捷功第一．遂為總兵官……良玉三過商丘．必令其下曰「吾恩府家在此．敢有掇及草木者斬」入城謁太常公．（案．方域祖父名執蒲）拜伏如家人．不敢居於客將．……」

（註三）寧南侯傳云．「熊文燦者．繼為督府．常受賊金而脫其圍．良玉尤輕之．以至楊嗣昌以閣部出視師．倚良玉不啻左右手．九調而九不至．嗣昌怏怏死．丁啓睿代督師．則往來依違於其間．為良玉調遣文書．未始自出一令．時人謂之「左府幕賓」……」

（註四）寧南侯傳云．「朝廷以司徒公代丁啓睿督師．良玉大喜踴躍．遣其將金聲桓率兵五千迎司徒公．司徒公既受命．而朝廷中變．乃命距河援汴．無赴良玉軍……未幾有媒孽者．司徒公遂得罪．以呂大器代．良玉慍曰「朝廷若早用司徒公．良玉敢不盡死．今又罪司徒而以呂公代．是疑我而欲圖之也」自此意益離……」

（註五）詳第十齣註一．

第十齣　修札

東來處仲無他志．

北去深源負盛名。
——吳偉業。
則問他防賊自作賊。
該也不該。
——本詞。

時間　明崇禎十六年癸未八月。
地點　南京柳敬亭住宅。
人物　柳敬亭——丑。
侯朝宗——生。
楊龍友——末。
布景——柳敬亭宅內。
備用物——說書鼓板。筆。硯。書函。

柳敬亭（上）

老子江湖漫自誇。
收今販古是生涯。
年來怕作朱門客。

閒坐街坊喫冷茶。

（笑介）在下柳敬亭。自幼無藉。流落江湖。雖則爲談詞之輩。却不是飲食之人。（拱介）列位看我像箇甚的。好像一位閻羅王。掌著這本大帳簿。點了沒數的鬼魂姓名。又像一尊彌勒佛。腆著這副大肚皮。裝了無限的炎涼世態。鼓板輕敲。便有風雷雨露。舌脣纔動。也成『月旦』『春秋』。這些含寃的孝子忠臣。少不得還他箇揚眉吐氣。那班得意的奸雄邪黨。免不了加他些人禍天誅。此乃補救之微權。亦是褒譏之妙用。（笑介）俺柳麻子信口胡談。卻也燥脾。昨日河南侯公子。送到茶資。約定今日午後來聽平話。且把鼓板取出。打箇招客的利市。（取出鼓板敲唱介）

無事消閒扯談。

就中滋味酸甜。

古來十萬八千年。

一霎飛鴻去遠。

★　★　★　★

幾陣狂風暴雨。

各家虎帳龍船。

爭名奪利片時喧。讓他陳摶睡扁。——（西江月）

侯朝宗（上）芳草烟中尋粉黛。斜陽影裏說英雄。今日來聽老柳平話。裏面鼓板鏗鏘。早已有人領教。

柳（相見大笑介）看官俱未到。獨自在此。說與誰聽。這說書是老漢的本業。譬如相公閒坐書齋。彈琴吟詩。都要人聽麼。

侯（笑介）講的有理。

柳　請問今日要聽那一朝故事。

侯　不拘何朝。你只揀著熱鬧爽快的說一回罷。

柳　相公不知。那熱鬧局就是冷淡的根芽。爽快事就是牽纏的枝葉。倒不如把些賸水殘山。孤臣孽子。講他幾句。大家滴些眼淚罷。

侯（嘆介）唉。不料敬老——你也看到這箇田地。眞可慮也。

楊龍友（急上）休敎鐵鎖沈江底。

怕有降旗出石頭．

下官楊文驄有緊急大事．要尋侯兄計議．一路問來．知在此處．不免竟入．

（見介）

侯　來的正好．大家聽敬老平話．

楊　（急介）目下何等時候．還聽平話．

侯　龍老爲何這等驚慌．

楊　兄還不知麼．左良玉領兵東下．要搶南京．且有窺伺北京之意．（註一）本兵熊明遇束手無策．故此托弟前來．懇求妙計．

侯　小弟有何妙策．

楊　久聞尊翁老先生乃寧南之恩帥．若肯發一手諭．必能退却．不知足下主意若何．

侯　這樣好事．怎肯不做．但家父罷政林居．縱肯發書．未必有濟．且往返三千里．何以解目前之危

楊　吾兄素稱豪俠．當此國家大事．豈忍坐視．何不代寫一書．且救目前．另日稟明尊翁．料不見責也．

侯　應急權便．倒也可行．待我回寓起稿．大家商量．

事不宜遲.即刻發書.還恐無及.那裏等得商量.
既是如此.就此修書便了.(註二)(寫書介.)

楊
侯

『老夫愚不揣.
勸將軍自忖裁.
旌旗且慢來.
兵出無名道路猜.
高帝留都陵樹在.
誰敢輕將馬足蹕.
乏糧柴.
善安排.
一片忠心窮莫改.』——(一封書)(註三)

(寫完)

楊
侯

(看介)妙.妙.寫得激切婉轉.有情有理.叫他不好不依.又不敢不依.足見世兄經濟.
雖然如此說.還該送與熊大司馬細加改正.方爲萬妥.

楊　不必煩擾．待小弟說與他便了．（愁介．）只是一件．書雖有了．須差一的當家人早寄爲妙．

侯　小弟輕裝薄遊．只帶兩箇童子．那能下的書來．

楊　這樣密書．豈是生人可以去得．

侯　這却沒法了．

柳　不必著忙．讓我老柳走一遭如何．

楊　敬老肯去．妙的狠了．只是一路盤詰．也不是當要的．

柳　不瞞老爺說．我柳麻子本姓曹．（註四）雖則身長九尺．却不肯『食粟而已』．那些隨機應變的口頭．左衝右擋的臂力．都還有些兒．

侯　聞得左良玉軍門嚴肅．山人遊客．一概不容擅入．你這般老態．如何去的

柳　相公又來激俺了．這是俺說書的熟套子．我老漢要去就行．不去就止．那在乎一激之力．（起唱介）

　　你那裏筆下謅文．

　　我這裏胸中畫策．

舌戰羣雄．讓俺不才．

楊柳

柳毅傳書．何防下海．
生卻俺的癡騃．
用著俺的詼諧．
悄去明來．
萬人喝采．——（鬬鵪鶉）
果然好箇本領．只是書中意思．還要你明白解說．纔能有濟．
書中意不須細解．
何用明白
費俺脣腮．
一雙空手
也去當差．
也會撾乖．
憑着俺舌尖兒把他的人馬罵開．

仍倒回八百里外

侯　你怎的罵他．

則問他防賊自作賊．

該也不該．——（柴花兒序）

侯　好．好．好．比俺的書子還說的明白．

楊　你快進去收拾行李．俺替你送盤纏來．今夜務必出城纔好．

柳　曉得．曉得．曉得．（拱手介．）不得奉陪了．（竟下．）

楊　竟不知柳敬亭是箇有用之才．

侯　我常誇他是我輩中人．說書乃其餘技耳．

一封書權宜代．

仗柳生舌尖口快．

阻回那莽元帥萬馬晨霜．

保住這好江城三山暮靄．——（尾聲）

楊　一紙賢於汗馬才．

侯荊州無復戰船開．
楊從來名士誇江左．
侯揮麈今登拜將臺．

（註一）侯朝宗寧南侯傳云．『……良玉遂往來江楚爲自豎計．盡取諸鹽船之在江者而掠其財．賊帥惠登相等皆附之．軍益强．又嘗稱軍饑．又近南京就食．移兵九江．（參看第九齣註一崇禎十六年條下）兵部尚書熊明遇大恐．請於司徒公以書諭之而止．』

（註二）阻止左軍東下事．明史左良玉傳謂出李邦華．南疆繹史袁繼咸傳．謂出繼咸．而朝宗寧南侯傳則謂出其父侯恂一書．大抵三者皆是．但事卻與楊文驄無涉．桃花扇牽入文驄．渲染之筆耳．

（註三）朝宗爲司徒公與寧南侯書．見壯悔堂集卷三．略云．

『……鄉土喪亂．巳無寧宇．闔門百日．將寄白下．喘息未蘇．風鶴頻驚．相傳謂將軍駐節江州．且揚帆而前．老夫以爲必不然．即陪京卿大夫．亦共信之．而無如市井倉皇．訛以滋訛．幾於三人成虎．夫江州三楚要害．麾下汎防之衝也．鄖襄不戒．賊勢鴟張．時有未利．或需左次以驕之．儲成夙飽．殫圖收復．在將軍必有確畫．過此一步．便非分壤．冒嫌涉疑．義何居焉．若云部曲就糧．非出本願．則尤不可．朝廷所以重將軍者．以能節制經緯．危不異於安也．荊土千里．自可具食．豈謂小饑動至同諸軍士倉皇耶．甚則無識之人．料麾下自率前驅．伴送室帑．匈奴未滅．何以家爲．生平審處．豈後嫖姚．或者以垂白在堂．此自綱紀．奉移內郡．何必雙旌聿來相宅．況陪京高皇帝弓劍所藏．禁地肅清．將軍疆埸帥武．未取進止．詎宜展覯．……功名愈盛．責備益深．

善處形迹。昭白宜早。惟三思留意焉。」

(註四)看第一齣註十板橋雜記條。

第十一齣　投轅(註一)

軍中文武如蜂聚。

排難須尋柳敬亭。

——陳于玉。

桃花扇題詩。

時間　明崇禎十六年癸未九月。

地點　武昌寧南侯軍營。

人物　二卒——淨。副淨。

柳敬亭——丑。

中軍官——末。

六軍卒——雜。

左良玉——小生。

布景一　寧南侯營外。

備用物　包裹．帽．靴．繩索．

一卒（上）殺賊拾賊囊．救民佔民房．當差領官倉．一兵吃三粮．

二卒（上）如今不是這樣唱了．

一卒　你唱來．

二卒　賊凶少棄囊．民逃賸空房．官窮不開倉．千兵無一粮．

一卒　這等說．我們這窮兵．當眞要餓死了．

二卒　也差不多哩．

一卒　前日鼓噪之時．元帥着忙．許咱們就粮南京．這幾日不見動靜．想又變卦了．

二卒　他變了卦．咱們依舊鼓噪．有何難哉．

一卒　閒話少說．且到轅門點卯．再作商量．正是．不怕餓殺．誰肯犯法．（俱下）

柳（背包裹上）

走出了空林落葉響蕭蕭.
一叢叢蘆花紅蓼.
倒戴著接䍦帽.
橫跨著湛盧刀.
白鬚兒飄飄.
誰認的詼諧玩世東方老.——（北新水令）

俺柳敬亭衝風冒雨.沿江行來.並不見亂兵搶粮.想是訛傳了.且喜已到武昌城外.（註二）不免在這草地下打開包裹.換了鞾帽.好去投書.

（坐地換鞾帽介）

二卒（上）曉雨城邊飢烏叫.
來往荒烟道.
軍營半里遙.

（指介）

風捲旌旗．

鼓角縹緲．

前面是轅門了．大家趲行幾步．

餓腹好難熬．

還點三八卯．

柳（起拱介）兩位將爺．借問一聲．那是將軍轅門．

一卒（向二卒私語介）這個老兒．是江北語音．不是逃兵．就是流賊。

二卒　何不收拾起來．詐他幾文。且買飯吃．

一卒　妙．

二卒（問介）你尋將軍衙門麼．

柳　正是．

一卒　待我送你去．

（丟繩套住柳介）

柳　呵呀．怎麼拿起我來了．

二卒　俺們是武昌營專管巡邏的弓兵．不拿你．拿誰呀．

柳（推二卒倒地指笑介）兩箇沒眼色的花子．怪不得餓的東倒西歪的．

一卒　你怎曉得我們捱餓．

柳　不爲你們捱餓．我爲何到此．

二卒　這等說來．你敢是解糧來的麼．

柳　不是解粮的．是做甚的．

一卒　啐．我們瞎眼了．快搬行李．送老哥轅門去．

二卒（同柳行介）

柳　你看城枕着江水滔滔．

鸚鵡洲闊．

黃鶴樓高．

鷄犬寂寥．

人烟慘淡．

市井蕭條．

都只把豺狠喂飽．
好江城畫破圖拋．
滿耳呼號．
鼙鼓聲雄．
鐵馬嘶驕．——（北折桂令）
二卒（指介）這是帥府轅門了．（喚介）老哥在此等候．待我傳鼓．（擊鼓介．）
中軍官（上）封拜惟知元帥大．征誅不讓帝王尊．（問介）門外擊鼓．有何軍情．速速報來．
一卒　適在汎地．捉了一箇面生可疑之人．口稱解粮到此．未知眞假．拏赴轅門聽候發落．
中軍官（問柳介）你稱解粮到此．有何公文．
柳　沒有公文．只有書函．
中軍官　這就可疑了．
你的北來意費推敲．
一封書信無名號．

荒唐言語多虛冒．
憑空何處軍粮到．
無端左支右調．
看他神情．
大抵非逃卽盜．——（南江兒水）

柳　此語差矣．若是逃盜．爲何自尋轅門．
中軍官　說的也是．旣有書函．待我替他傳進．
柳　這是一封密書．要當面交與元帥的．
中軍官　這話益發可疑了．你且外邊伺候．待我稟過元帥．傳你進見．
（二卒．柳．俱下）
布景二　左良玉軍營內．
備物　書函．茶鐘．
（內吹打開門）
六軍卒（各執械對立介）
左（戎服上）荆襄雄鎭大江濱．四海安危七尺身．日日軍儲勞計畫．那能談笑淨烟塵.

（升坐吩咐介）昨因飢兵鼓噪.本帥許他就粮南京.後來細想.兵去就粮.何如粮來就兵.聞得九江助餉.不日就到.今日暫免點卯.各回汛地.靜候關粮.

中軍官　得令.（虛下即上）奉元帥軍令掛牌免卯.三軍各向汛地去了.

左　有甚軍情.早早報來.

中軍官　別無軍情.只有差役一名.口稱解粮到此.要見元帥.

左（喜介）果然粮船到此.可喜.可喜.（問介）所齎文書.係何衙門.

中軍官　並無文書.只有私書.要當堂投遞.

左　這話就奇了.或是流賊細作.亦未可定.（吩咐介）左右軍牢.小心防備.著他膝行而進.

衆　是.

中軍官（喚柳進介）

（左右交執器械）

柳（鑽入見介）（揖介）元帥在上.晚生拜揖了.

左　哇.你是何等樣人.敢到此處放肆.

柳　晚生一介平民.怎敢放肆.

俺是個不出山老漁樵.
那曉的王侯大賓客小.
看這長槍大劍列門旗.
只當深林密樹穿荒草.
儘著狐狸縱橫虎咆哮.
這威風何須要.
偏嚇俺孤身客無門跑.
便作箇長揖兒不是驕.
（拱介）
求饒。
軍中禮原不曉.
（笑介）
氣也麼消.
有書函將軍仔細瞧.

——（北雁兒落帶得令）

左（問介）有誰的書函。
柳　歸德侯老先生寄來奉候的。
左　侯司徒是俺的恩師。你如何認得的。
柳　晚生現在侯府。
左（拱介）這等失敬了。（問介）書在那裏。
柳（送上書介）
左　吩咐掩門。
內（吹打掩門）
衆（下）
左　尊客請坐。
柳（旁坐介）
左（看書介）
　看他諄諄情意好。
不啻教兒曹。
這書中文理。一時也看不透徹。無非勸俺鎮守邊方。不可移兵內地。（歎介）

恩師．恩師．那知俺左良玉——

一片忠心天可告．

怎肯背深恩辱薦保．

柳（問柳介）足下尊姓大號．

不敢．晚生姓柳．草號敬亭．

六軍卒（捧茶上）

左　敬亭請茶．

柳（接茶介）

左　你可知這座武昌城．自經張獻忠一番焚掠．十室九空．俺雖鎮守在此．缺草乏粮．日日鼓噪．連俺也做不得主了．

柳（氣介）元帥說那裏話．自古道兵隨將轉．再沒箇將逐兵移的．

你坐在細柳營．

手握着虎龍韜．

管千軍山可動．

令不搖．

飢兵鼓噪犯天朝。
將軍無計。
從他去自逍遙。
這惡名怎逃。
這惡名怎逃。
說不起三軍權柄帥難操。——（北收江南）

左（怒介）呵呀。這等無禮。竟把茶杯擲地。
（摔茶鍾於地下介）
柳（笑介）晚生怎敢無禮。一時說的高興。順手摔去了。
左 順手摔去。難道你的心。做不得主麼。
柳 心若做的主呵。也不教手下亂動了。
左（笑介）敬亭講的有理。只因兵丁餓的急了。許他就粮內裏。亦是無可奈何之一着。
柳 晚生遠來。也餓急了。元帥竟不問一聲兒。
左 我倒忘了。叫左右快擺飯來。
柳（摩腹介）好餓。好餓。

左（催介）可惡奴才．還不快擺．
柳（起介）等不的了．竟往內裏吃去罷．（向內行介）
左（怒介）如何進我內裏．
柳（回顧介）餓的急了．
左　餓的急了．就許你進內裏麼．
柳（笑介）餓的急了．也不許進內裏．元帥竟也曉得哩．
左（大笑介）句句譏誚俺的錯處．好箇舌辯之士．俺這帳下．倒少不得你這個人哩．

俺雖是江湖泛交．
認得出東方曼老．
這胸次包羅不少．
能直諫．
會旁嘲．

柳　那裏．那裏．只不過遊戲江湖．圖哺啜耳．
左（問介）俺看敬亭．既與縉紳往來．必有絕技．正要請教．
柳　晚生自幼失學．有何技藝．偶讀幾句野史．信口演說．曾蒙吳橋范大司馬．桐城何老相國．謬加賞贊．因而得交搢紳．實堪慚愧．

俺讀些稗官詞寄牢騷．

稗官詞寄牢騷．

對江山吃一斗苦松醪．

小鼓兒顫杖輕敲．

寸板兒輭手頻搖．

一字字臣忠子孝。

一聲聲龍吟虎嘯．

快舌尖鋼刀出鞘．

響喉嚨轟雷烈礮．

呀．

似這般冷嘲熱挑．

用不著筆鈔墨描．

勸英豪一盤錯帳速勾了．——（北沽美酒帶太平令）

左　說的爽快．竟不知敬亭有此絕技．就留下楊衙齋．早晚領教罷．

從此談今論古日傾倒．
風雨開懷抱．
你那蘇張舌辯高．
我的巧射驚羿奡．
只愁那匝地烟塵何日掃．——（清江引）

柳　閒話多時．到底不知元帥向內移兵．有何主見．

左　耿耿臣心．惟天可表．不須口勸．何用書責．

左　臣心如水照清霄．
柳　咫尺天顏路不遙．
左　要與西南撐半壁．
柳　不須東看海門潮．

（註一）吳梅村柳敬亭傳云『……寧南伯左良玉軍操而南．尋奉詔守楚．駐皖城．待發．守皖者杜將軍弘域．於生（敬亭）爲故人．寧南嘗奏酒．思得一異客．杜既已泄之矣．會兩人用軍事不相中．念非生莫可解者．乃檄生至．進之左．以爲此天下辯士．欲以觀其能．帳下用長刀遮客．引就席．坐客咸振慴失次．生拜訖．索酒．談咽諧笑．旁若無人者．左大驚．自以為得生晚也．……』案．據此．則敬亭之入良玉幕．乃由杜弘域．並無為朝宗傳書事．但時日恰相值．故云亭借用之．且即以「長刀遮客」一段故事作點綴．亦妙筆矣．

（註二）據南疆繹史袁繼咸傳．左軍索餉東下時．良玉在蕪湖．據梅村柳敬亭傳．柳初見左在皖城．此文『武昌城外』云云．誤也．良玉克復武昌．在中止東下之後．侯恂致書時．武昌仍為張獻忠所踞．

第十二齣 辭院

吳紈衫子越羅裳．
白雪新詞舊擅場．
共向西陵臺上望．
天風吹落淚千行．

——贈校書．

侯方域．

時間 明崇禎十六年癸未十月．

地點 一南京清議堂．
二南京秦淮河媚香樓．

人物

楊龍友——末．

阮大鋮——副淨．

長班——丑．

史可法——外．

馬士英——淨．

蘇崑生——丑．

侯方域——生．

李香君——旦．

李貞麗——小旦．

丑

布景　清議堂內

楊文驄（冠帶上）

錦繡東南列郡．

英雄割據紛紛．

而今還起周郎恨．

江水向東奔。——（西地錦）

下官楊文驄。昨奉熊司馬之命。託侯兄發書寧南。阻其北上。已遣柳敬亭連夜寄去。還怕投書未穩。一面奏聞朝廷。加他官爵。蔭他子姪。又一面知會各處督撫。及在城大小文武。齊集淸議堂。公同計議。助他糧餉。這也是不得已調停之法。下官與阮圓海。雖罷閒流寓。都有傳單。只得早到。

阮大鋮（冠帶上）

黑白看成棋裏事。

鬢眉扮作戲中人。

（見介）龍友請了。今日會議軍情。旣傳我們到此。也不可默默無言。

楊　事體重大。我們廢員閒宦。立不得主意。身到就是了。

阮　說那裏話。

朝廷事。

須認眞。

太祖神京今未穩。

莫漫愁鐵鎖船開。

只怕有蕭牆人引．
角聲鼓音城樓震．
帆揚幟飛江風順．
明取金陵．
有人私放門．——（啄木兒）

楊　這話未確．且莫輕言．

阮　小弟實有所聞．豈不可說．

長班（上）處處軍情緊．
朝朝會議多．
稟老爺．淮安漕撫史可法老爺．鳳陽督撫馬士英老爺俱到了．

楊阮（出候介）

史可法（白鬚冠帶上）

馬士英（禿鬚冠帶上）

史　天下軍儲一線漕．
無能空佩呂虔刀．

馬　長陵抔土關龍脈．愁絶烽煙搔二毛．

楊阮（見．各揖介）

史（問介）本兵熊老先生爲何不到．

長班（禀介）今日有旨．往江上點兵去了．

馬　這等又會議不成．如何是好．

史　黄塵起．王氣昏．羽扇難揮建業軍．幕府山．蠟檄星馳．五馬渡．樓船飛滾．江東應須夷吾鎭．

清談怎消南朝恨．
少不得努力同捐衰病身．——（啄木兒）

楊　老先生不必深憂．左良玉係侯司徒舊卒．昨已發書勸止．料無不從者．
史　學生亦聞此舉．雖出熊司馬之意．實皆年兄之功也．
阮　這倒不知．只聞左兵之來．實有暗裏勾之者．
史　是那箇．
阮　就是敝同年侯恂之子．侯方城．（註一）
史　他也是敝世兄．在復社中．錚錚有聲．豈肯爲此．
阮　老公相不知．他與左良玉相交最密．常有私書往來．若不早除此人．將來必爲內應．
馬　說的有理．何惜一人．致陷滿城之命乎．
史　這也是莫須有之事．況阮老先生罷職之人．國家大事也不可亂講．（別介．）請了．正是．
　　邪人無正論．
　　公議總私情．

（下）

阮（指恨介）（向馬介）怎麼史道鄰就拂衣而去。小弟之言。鑿鑿有據。聞得前日。還托柳麻子去下私書的。

楊　這太屈他了。敬亭之去。小弟所使。寫信之時。小弟在旁。倒虧他寫的懇切。怎反疑起他來。

阮　龍友不知。那書中都有字眼暗號。人那裏曉的。

馬（點頭介）是呀。這樣人該殺的。小弟回去。即著人訪拏。（向楊介。）老妹丈。就此同行罷。

楊　請舅翁先行一步。小弟隨後就來。

阮（向馬介）小弟與令妹丈不啻同胞。常道及老公祖垂念。難得今日會著。小弟有許多心事。要爲竟夕之談。不知可否。

馬　久荷高雅。正要請教。

（阮馬同下）

楊　這事那裏說起。侯兄之素行。雖未深知。只論寫書一事呵。

這寃怎伸。

硬疊成曾參殺人。

這恨怎吞．

強書爲陳恆弑君．

不免報他一信．叫他趁早躲避．（行介．）（幕閉．）

眠香占花風流陣．

今宵正倚薰籠困．

那知打散鴛鴦．

金彈狠——（三段子）（幕開）

布景二——媚香樓下．

備用物——行裝．

楊　來此是李家別院．不免叫門．（敲門介）

內（吹唱介）

蘇崑生（上）是那箇．

楊　快快開門．

蘇（開門見介）原來是楊老爺．天色已晚．還來閒遊．

楊（認介）你是蘇崑老．（問介．）侯兄在那裏．

蘇　今日香君學完一套新曲．都在樓上聽他演腔．

楊　快請下樓．

蘇（入喚介）

麗侯香（出介）

侯　濃情人帶酒．
　　寒夜帳籠花．

楊　楊兄高興．也來消夜．

侯　兄還不知有天大禍事來尋你了．

楊　有何禍事．如此相嚇．

侯　今日清議堂議事．阮圓海對著大衆．說你與寧南有舊．常通私書．將爲內應
　　那些當事諸公．俱有拏你之意．

楊（驚介）我與阮圓海素無深讎．爲何下這毒手．

侯　想因却奩一事．太激烈了．故此老羞變怒耳．（註二）

楊　事不宜遲．趁早高飛遠遁．不要連累別人．

麗　說的有理．（愁介）只是燕爾新婚．如何捨得．（註三）

侯　官人素以豪傑自命．爲何學兒女子態．

香（正色介）

侯 是.是.但不知那裏去好.
雙親在.
雙親在.
信音未准.
烽烟起.
烽烟起.
梓桑半損.
欲歸歸途難問.
天涯到處迷.
將身怎隱.
歧路窮途.
天暗地昏.——（滴溜子）
楊 不必著慌.小弟倒有箇計算.
侯 請教.

楊　會議之時。漕撫史可法。鳳撫馬舍舅。俱在坐。舍舅語言甚不相爲。全虧史公一力分豁。且說與尊府原有世誼的。

侯（想介）是。是。史道鄰是家父門生。

楊　這等何不隨他到淮。再候家信。（註四）

侯　妙。妙。多謝指引了。

香　待奴家收拾行裝。（束裝介）

歡娛事。
歡娛事。
兩心自忖。
生離苦。
生離苦。
且將恨忍。
結成眉峯一寸。
香沾翠被池。

重重來緊．
藥裹巾箱．
都帶淚痕．——（滴溜子）

丑（上挑行李介）

侯（别香介）暫此分別．後會不遠．

香（彈淚介）滿地煙塵．重來亦未可必也．
離合悲歡分一瞬．
後會期無憑准．

麗　怕有巡兵縱跡．快行一步罷．

侯　吹散俺西風太緊．
停一刻．
無人肯．——（哭相思）

侯　但不知史漕撫寓在那廟．

蘇　聞他來京公幹．常寓市隱園．待我送官人去．

侯　這等多謝.

侯蘇丑(急下)

麗　這樁禍事.都從楊老爺起的.也還求楊老爺歸結.明日果來拏人.作何計較.

楊　貞娘放心.侯郎既去.都與你無干了.

楊　人生聚散事難論.
香　酒盡歌終被尚溫.
麗　獨照花枝眠不穩.
楊　來朝風雨掩重門.

(註一)侯朝宗有癸未去金陵日與阮光祿書.即爲此事.文曰.『……昨夜方寢.而楊令文驄叩門過僕曰.「左將軍兵且來.都人洶洶.阮光祿颺言於清議堂云.「子與有舊.且應之於內.」——子盍行乎.」僕乃知執事不獨見怒.而且恨之.欲置之族滅而後快也.僕與左誠有舊.亦已奉熊尚書之教.馳書止之.其心事尚不可知.若其犯順.則賊也.僕誠應之於內.亦賊也.士君子稍知禮義.何至甘心作賊.萬一有焉.此必日暮途窮.倒行而逆施.若昔日乾兒義孫之徒.計無復之.容出於此.而僕豈其人耶.……』本齣隸事全本此.

(註二)阮之恨侯.正因納交被拒.與阮光祿書詳述其事.見第七齣註一.

(註三)據朝宗與田中丞書.言『下第歸後便不復與香君相見.』彼書不知作於何年.癸未年朝宗既在金陵.則重尋舊好.亦意中事.但非「燕爾新婚」耳.

（註四）據年譜，朝宗當時避地宜興。其依史公則明年事也。

第十三齣 哭主

燕山自峨峨，
沙河自湯湯。
皇天自高高，
后土自茫茫。
下痛萬赤子，
上呼十四皇。
哭帝帝不聞，
籲天天無常。
——亭林謁十三陵。

時間 明崇禎十七年甲申三月。
地點 黃鶴樓。
人物 旗牌官——副淨。
左良玉——小生。

軍校——雜。

柳敬亭——丑。

黃澍(字仲霖。湖北巡按)——外。

袁繼咸(字臨侯。九江巡撫)——末。

塘報人——淨。

布景——長江畔。黃鶴樓上。

備用物——黃鶴樓扁。桌席。牀枕。鏡鑷。旗仗。鼓吹。說書鼓。板。塘報。鞭。鈴。素衣。裹布。

旗牌官(上)漢陽煙樹隔江濱。

影裏青山畫裏人。

可惜城西佳絕處。

朝朝遮斷馬頭塵。

在下寧南帥府一箇旗牌官的便是。俺元帥收復武昌。功封侯爵。(註一)昨日又奉新恩。加了太傅之銜。小爺左夢庚。亦挂總兵之印。特差巡按御史黃澍(註二)老爺到府宣旨。今日九江督撫袁繼咸(註三)老爺。又解糧三十船。親來給發。元帥大喜。命俺設宴黃鶴樓。請兩位老爺飲酒看江。(望介)遙見晴川樹底。芳

草洲邊。萬民歡歌。三軍嬉笑。好一段太平景象也。遠遠喝道之聲。元帥將到。不免設起席來。（設席安牀介）

軍校（旗仗鼓吹引導）

左良玉（戎裝上）

逐人春色。

入眼晴光。

連江芳草青青。

百尺樓高。

吹笛落梅風景。

領著花間小乘。

載行廚。

帶緩衣輕。

便笑咱將軍好武。

也愛儒生。——（聲聲慢）

咱家左良玉．今日設宴黃鶴樓．請袁黃兩公飲酒看江．只得早候．（吩咐介）

大小軍卒．樓下伺候．

衆（應下）

左（登樓介）三春雲物歸胸次．

萬里風煙到眼中．

（望介）你看浩浩洞庭．蒼蒼雲夢．控西南之險．當江漢之衝．俺左良玉鎮此名邦．

好不壯哉．（坐呼介）旗牌官何在．

旗牌官（跪介）有．

左　酒席齊備不曾．

旗　齊備多時了．

左　怎麼兩位老爺還不見到．

旗　連請數次．袁老爺正在江岸盤糧．黃老爺又往龍華寺拜客．大約傍晚纔來．

左　在此久候．豈不困倦．叫左右速接柳相公上樓．閒談撥悶．

雜（跪禀介）柳相公見在樓下．

左　快請．

雜（請介）

柳敬亭（上）氣吞雲夢澤。

聲撼岳陽城。

（見介）

左 敬亭爲何早來了。

柳 晚生知道元帥悶坐。特來奉陪的。

左 這也奇了。你如何曉得。

柳 常言。『秀才會課。照燈告坐。』天生文官。再不能爽快的。

左（笑介）說的有理。（指介）你看天纔午轉。幾時等到點燈也。

柳 若不嫌聒噪呵。把昨晚說的『秦叔寶見姑娘。』（註四）再接上一回罷。

左 極妙了。（問介。）帶有鼓板麼。

柳 自古『官不離印。貨不離身。』老漢管着做甚的。（取出鼓板介。）

左 叫左右泡開茶片。安下胡牀。咱要紗帽隱囊。清談消遣哩。

雜（設牀泡茶介）

左（更衣坐雜搥背搔癢介。）

柳（傍坐敲鼓板說書介。）

大江滾滾浪東流。

淘盡興亡古渡頭.

屈指英雄無半箇.

從來遺恨是荊州.

按下新詩.還提舊話.且說人生最難得的.是亂離之後.骨肉重逢.總是地北天南.時移物換.經幾番凶荒戰鬬.怎免得梗泛萍漂.可喜秦叔寶.解到羅公帥府枷鎖連身.正在候審.遇著嫡親姑娘.捲簾下階.抱頭大哭.當時換了新衣.設席款待.一箇候死的囚徒.登時上了青天.這就叫.『運去黃金減價.時來頑鐵生光.』（拍醒木介）

左（掩淚介）咱家也都經過了.

柳　再說.那羅公問及叔寶的武藝.滿心歡喜.特地要誇其本領.即日放砲傳操.下了教場.雄兵十萬.雁翅排開.羅公獨坐當中.一呼百諾.掌著生殺之權.秦叔寶站在旁邊.點頭贊嘆.口裏不言.心中暗道.大丈夫定當如此.（拍醒木介.）

左（作驕態笑介）俺左良玉也不枉爲人一世矣.

柳　那羅公眼看叔寶.高聲問道.『秦瓊.看你身材高大.可會學些武藝麼.』叔寶慌忙跪地.應答如流.『小人會使雙鐧.』羅公即命家人.將自己用的兩

條銀鐗，擡將下來。那兩條銀鐗共重六十八斤，比叔寶所用鐵鐗，輕小一半。叔寶是用過重鐗的人，接在手中，如同無物，跳下堦來，使盡身法，左輪右舞，恰似玉蟒纏身，銀龍護體；玉蟒纏身，萬道毫光臺下落；銀龍護體，一輪月影面前懸。羅公在中軍帳裏，大聲喝采道：『好呀，』那十萬雄兵，一齊答應。（作喊介。）如同山崩雷響，十里皆聞。（拍醒木介。）

左（照鏡鑷鬚介）俺左良玉立功邊塞，萬夫不當，也是天下一箇好健兒；如今白髮漸生，殺賊未盡，好不恨也。

旗牌官（上）稟元帥爺，兩位老爺俱到樓了。

柳（暗下）

左（換冠帶介）

雜（撒床排席介）

袁繼咸黃澍（冠帶喝道上）

袁　長湖落日氣蒼茫，

黃鶴樓高望故鄉。

吹笛仙人稱地主，

黃　臨風把酒喜洋洋。

左（迎揖介）二位老先生。俯臨儆鎮曷勝光榮。聊設杯酒。同看春光。

袁黃　久欽威望。喜近節麾。高樓盛設。大快生平。

（安席坐斟酒欲飲介）

塘報人（急上）忙將覆地翻天事。報與勤王救主人。

稟元帥爺不好了。不好了。

衆（驚起介）有什麼緊急軍情。這等喊叫。

塘（急白介）稟元帥爺。

大夥流賊北犯。
層層圍著神京。
三天不見救援兵。
暗把城門開禁。

★　★　★　★

放火焚燒宮闕。
持刀殺害生靈。

（拍地介）可憐聖主好崇禎。

眾（哭說介）縊死煤山樹頂。——（西江月）
眾（驚問介）有這等事。是那一日來。
塘（喘介）這是——這——這——這三月十九日。
眾（望北叩頭大哭介）
左（起搓手跳哭介）我的聖上呀。我的崇禎主子呀。我的大行皇帝呀。孤臣左良玉。遠在邊方。不能一旅勤王。罪該萬死了。

高皇帝在九京。
不管亡家破鼎。
那知他聖子神孫。
反不如飄蓬斷梗。
十七年憂國如病。
呼不應天靈祖靈。
調不來親兵救兵。
白練無情。

送君王一命。
傷心煞煤山私幸。
獨殉了社稷蒼生。
獨殉了社稷蒼生。——（勝如花）

衆（又大哭介）
袁（搖手喊介）且莫舉哀。還有大事相商。
左　有何大事。
袁　既失北京。江山無主。將軍若不早建義旗。頃刻亂生。如何安撫。
黃　正是。（指介）這江漢荊襄。亦是西南半壁。萬一失守。恢復無及矣。
左　小弟濫握兵權。實難辭責。也須兩公努力。共保邊疆。
袁黃　敢不從事。
左　既然如此。大家換了白衣。對著大行皇帝在天之靈。慟哭拜盟一番。（喚介）左右可曾備下縞衣麼。
旗　一時不能備齊。暫借附近民家素衣三領。白布三條。
左　也罷。且穿戴起來。（吩咐介）大小三軍。亦各隨拜。

左袁黃（穿衣裹布介）（領衆齊拜舉哀介.）我的先帝呀.

合　官車出.
廟社傾.
破碎中原費整.
養文臣帷幄無謀.
豢武夫疆場不猛.
到今日山殘水賸.
對大江月明浪明.
滿樓頭呼聲哭聲.

（又哭介.）
這恨怎平.
有皇天作證——
從今後戮力併命.
報國仇早復神京.

報國讐早復神京——(勝如花)

左　我等拜盟之後。義同兄弟。臨侯督師。仲霖監軍。(註五)我左崑山操兵練馬。死守邊方。儻有太子諸王。中興定鼎。那時勤王北上。恢復中原。也不負今日一番義舉。

袁黃　領教了。

旗(稟介)　稟元帥。滿城喧嘩。似有變動之意。快請下樓。安撫民心。

(俱下樓介)

左　二位要向那裏去。

袁　小弟還回九江。

黃　小弟要到襄陽。

左　這等且各分手。請了。

(別介)

左(呼介)　轉來。若有國家要事。還望到此公議。

袁黃　但寄片紙。無不奔赴。請了。

(下。)

左　呵呀呀。不料今夜天翻地覆。嚇死俺也。

飛花送酒不曾擎.
片語傳來滿座驚.
黃鶴樓中人哭罷.
江昏月暗夜三更.

(註一)甲申正月.良玉始封伯爵.弘光敍擁立功.乃進封侯.此文微誤.

(註二)黃澍.字仲霖.徽州人.以御史巡按湖廣監左良玉軍.後此良玉興晉陽之甲.半由澍慫恿而成.清兵渡江.澍與左夢庚迎降.其人非端士.不應與袁臨侯並論.『黃澍.徽州人.丁丑進士.授河南開封推官.以固守功擢御史.巡撫湖廣監左良玉軍(見明季南略四)』

(註三)袁繼咸.字臨侯.宜春人.崇禎十六年.以兵部侍郎總督江楚贛皖.至蕪湖遇左良玉索餉東下.繼咸激以忠義.挽良玉西行.時張獻忠方蹂躪楚地.至安慶.指江中浮屍示良玉曰.『大將軍忍見此乎.』左變色.因責之曰.『君侯功雖多.過亦不少.朝廷不遣責.歲遣中使宣諭.奈何不圖報稱.』良玉大感動.遂旋師復武昌.繼咸旋代呂大器督師.與良玉極相得.後良玉興晉陽甲.繼咸阻之不及.(詳第三十四齣註一)左夢庚劫以降.不屈死.

(註四)柳敬亭說「秦叔寶見姑娘.」乃生平最得意之技.見板橋雜記.

(註五)袁任督師.黃監左軍.皆甲申三月十九日前奉朝命.非私相署.

第十四齣　阻奸

堪嗟.

軍國大事非輕舉.

俺縱有廟謨難說.

這來書謀迎議立.

邀功情切.

——本詞.

時間　明崇禎十七年甲申四月.

地點　南京兵部署內.

人物　侯朝宗——生.

史可法——外.

長班——丑.

差役——小生.

阮大鋮——副淨.

家僮——雜.

布景　兵部尙書署內燕居之室.

備用物　書函.燭台.筆.硯.柬.鐙籠.

侯朝宗（上）飄飄家舍．怎把平安寫．哭蒼天滿喉新血。國讐未雪鄉心難說．把閒情丟開後些．——（遶地遊）

小生侯方域．自去冬倉皇避禍．夜投史公．隨到淮安漕署．（註一）不覺半載．昨因南大司馬熊公內召．史公卽補其闕．小生又隨渡江．虧他重俺才學．待同骨肉．正思移家金陵．不料南北隔絕．目今議立紛紛．尚無定局．好生愁悶．且候史公回衙．一問消息．（暫下）

史可法（憂容．長班隨上）山河今日崩竭．白面談兵掉舌．

奕局事堪嗟。

望長安誰家傳舍。

下官史可法。(註二)表字道鄰。本貫河南。寄籍燕京。自崇禎辛未叨中進士。便値中原多故。內爲曹郞。外作監司。歘歷十年不曾一日安枕。今由淮安漕撫。陞補南京兵部尙書。那知到任一月。遭此大變。萬死無裨。一籌莫展。幸虧長江天險。護此留都。但一月無君。人心皇皇。每日議立議迎。全無成說。今早操兵江上。探得北信。不免請出侯兄。大家快談。

長班　侯爺。有請。

侯(上見介)請問老先生。北信若何。

史　今日得一喜信。說北京雖失。聖上無恙。早已航海而南。太子亦間道東奔。未知果否。

侯　果然如此。蒼生之福也。

差役(上)朝廷無詔旨。將相有傳聞。(到門介)門上有人麼。

長班(問介)那裏來的。

差役　是鳳撫衙門來的。有馬老爺候札。即討回書。

長班　待我傳上去。(入見介)稟老爺。鳳撫馬老爺差人投書。

史（拆看皺眉介）這箇馬瑤草．又講什麼迎立之事了．

清議堂中．
三番公會．
攢眉仰屋蹴韡．
相對長吁．
低頭不語如呆．
堪嗟．
軍國大事非輕舉．
俺縱有廟謨難說．
這來書謀迎議立．
邀功情切．——（高陽臺）

（向侯介）看他書中意思．屬意福王．又說聖上碯碯縊死煤山．太子奔逃無蹤．若果如此．俺縱不依他也竟自舉行了．況且昭穆倫次．立福王亦無大差．罷．罷．答他回書．明日會稿．一同列名便了．

（侯）老先生所言差矣．福王分藩敝鄉．晚生知之最詳．斷斷立不得．（註三）
（史）如何立不得．
（侯）他有『三大罪』人人俱知．
（史）那『三大罪』．
（侯）待晚生數來．

福邸藩王．
神宗驕子．
母妃鄭氏淫邪．
當日謀害太子．欲行自立
若無調護良臣．
幾將神器奪竊．（註四）
（史）此一罪卻也不小．（問介）還有那一罪．
（侯）驕奢．
盈裝滿載分封去．

把內府金錢偷竭.(註五)

昨日寇逼河南.竟不捨一文助餉.以致國破身亡.滿宮財寶.徒飽賊囊.

史　這也算的一大罪.(問介)那第三大罪呢.

侯　這一大罪.就是現今世子德昌王.(註六)父死賊手.暴屍未葬.竟忍心遠避.還承離亂之時.納民妻女.

這君德全虧盡喪.

怎圖皇業.——(高陽臺)

史　說的一些不差.果然是『三大罪.』

侯　不特此也.還有『五不可立.』

史　怎麼又有『五不可立.』

侯　第一件.

車駕存亡.

傳聞不一.

天無二日同協.

第二件.聖上果殉社稷.尚有太子監國.

爲何明棄儲君.
翻尋枝葉旁牒.
第三件.這中興之主.原不必拘定倫次的.
分別.
中興定霸如光武.
要訪取出羣英傑.
第四件.
怕强藩乘機保立.
第五件.又恐小人呀.
將擁戴功挾.

史　是.是.世兄高見.慮的深遠.前日見副使雷縯祚禮部周鑣(註七)都有此論.但不及這番透徹耳.就煩世兄把這『三大罪』『五不可立』之論.寫書回他便了.

侯　遵命.(點燭寫書介)

阮大鋮、家僮（提燈上）須將奇貨歸吾手。莫把新功讓別人。下官阮大鋮。潛往江浦。尋着福王。連夜回來。與馬士英倡議迎立。只怕本兵史可法。臨時掣肘。今日修書相商。還恐不妥。故此昏夜叩門。與他細講。（見差役介）你早來下書。如何還不回去。

差役　等候回書。不見發出。（喜介）阮老爺來得正好。替小人催一催。

家僮　門上大叔那裏。

長班　是那箇。

阮（見作足恭介）煩位下通報一聲。說褲子襠裏阮。求見老爺。

長班（混介）『褲子襠』裏軟。這可未必。常言十箇鬍子九箇騷。待我摸一摸。果然軟不軟。

阮　休得取笑。快些方便罷。

長班　天色已晚。老爺安歇了。怎敢亂傳。

阮　有要話商議。定求一見的。

長班　待我傳上去。（進稟介）稟老爺。有褲子襠裏阮。到門求見。

史　是那箇姓阮的。

侯　在褲子襠裏住。自然是阮鬍子了。

史　如此昏夜．他來何幹．

侯　不消說．又是迎立之事了．

史　去年在淸議堂．誣害世兄的便是他．這人原是魏黨．眞正小人．不必理他．叫長班回他罷了．

長班（出怒介）我說夜晚了．不便相會．果然惹箇沒趣．請回罷．

阮（拍長班肩介）位下是極在行的．怎不曉得．夜晚來會．纔說的是極有趣的話哩．那青天白日．都是些掃帳兒．

長班　你老說的有理．事成之後．隨封都要雙分的．

阮　不消說．還要加厚些．

長班　既是這等．待我再傳．（進稟介）稟老爺．姓阮的定求一見．要說極有趣的話．

史　哇．放屁．國破家亡之時．還有甚麼趣話說．快快趕出．閉上宅門．

長班　鳳撫回書．尙未打發哩．

侯　書已寫就．求老先生過目．

史（讀介）

二祖列宗．

經營垂創．
吾皇辛苦力竭。
一旦傾移．
誰能重續滅絕．
詳列．
福藩罪案三樁大。
五不可勢局當歇．
再尋求賢宗雅望．
去留先決．

史 寫的明白．料他也不敢望動了（吩咐介）就交與鳳撫來人。早閉宅門．不許再來囉唣．（起介）正是．江上孤臣生白髮．

侯 燈前旅客罷冰絃．

史侯（下）

長班（出呼介）馬老爺差人哩．

差役　有．

長班　領了回書．快快出去．我要閉門哩．

差役（接書介）還有阮老爺要見．怎麼就閉門．

阮（向長班介）正是．我方纔央過求見老爺的．難道忘了．

長班（佯問介）你是誰呀．

阮　我便是褲子襠裏阮哪．

長班　啐．半夜三更．只管軟裏硬裏．奈何的人不得睡．（推介）好好的去罷．（竟閉門入介）

差役　得了回書．我先去了．（下）

阮（惱介）好可惡也．竟自閉門不納了．（呆介）罷了．俺老阮十年之前．這樣氣兒．也不知受過多少．且自耐他．（搓手介）只是當前機會．不可錯過．這史可法．現掌着本兵之印．如此執拗起來．目下迎立之事．便行不去了．這怎麼處．（想介）呸．我倒獃氣了．如今皇上玉璽．且無下落．你那一顆部印有何用處．（指介）老史．老史．一盤好肉包攙上門來．你不會吃．我去讓了別人．日後不要見怪．正是．

窮途纔解阮生嗟．

無主江山信手拏
奇貨居來隨處贈，
不知福分在誰家。

（註一）朝宗是時是否在史公幕。無可考。以阻奸事歸朝宗。云亭點染耳。

（註二）史可法。字憲之。號道鄰。大興籍祥符人。崇禎元年進士。授西安府推官。稍遷戶部主事。歷員外郎郎中。八年。遷太參議。分守池州太平。旋監江北諸軍數年。與賊角。十二年丁憂去，服闋起兵部右侍郎總督漕運。十六年。拜南京兵部尚書參贊機務。（後事在每齣下分註）

（註三）南疆繹史史可法傳云「十七年四月朔。知賊犯宮闕。可法大會羣僚。誓師勤王。勒諸鎮兵並進。身卽渡江。抵浦口。及聞莊烈帝崩。可法北向慟哭。以首觸柱。血流至踵。遂發喪提兵。欲長驅決戰。羣僚諸將皆曰「社稷無主。盍先擇君以定南都。」是時潞王已過江。泊舟無錫。初議所立。謂以親則桂而遠。以賢則潞而近。而不知福王已在淮上也。諸大臣之在南京者。都御史張愼言。侍郎呂大器。詹事姜曰廣等。言福王有七不可立。惟潞王賢明可定大計。移牒可法。鳳陽總督馬士英先迎款於福王。欲挾之以居擁戴功。亦書咨可法。言以倫以序。無如福王。可法卽答以「七不可」之說。而身還南京。諸大臣議未定。士英已擁福王至儀徵。可法不得已。乃與諸大臣具啓往迎。」又呂大器傳云「……時潞王常淓已渡江。在吳中。前侍郎錢謙益與雷縯祚等議立之。乃入說大器曰「潞王穆宗之孫。神宗猶子。昭穆不遠。賢明可立。福恭王昔者覬覦天位。幾釀大禍。若立其子。勢必翻三案以報私讎。視吾輩俎上肉矣。公今掌禮兵二部事。公若倡言。誰敢異議。」大器然之。愼言曰廣等亦附焉。貽書可法。言福王有七不可立。……」案。據此則七不可立之說主之者呂大器等。史可法不過附和。並非首倡。其暗中主持者則錢謙益雷縯祚。而侯方域則未聞。桃花扇以歸諸史侯。取劇場排演方便耳。

(註四)福王名由崧。福恭王常洵子也。常洵爲神宗(萬曆)子。母曰鄭貴妃。恃寵謀奪嫡。萬曆末及天啓初「梃擊」「紅丸」「移宮」三大案。皆因此而起。東林楊左諸人攻之。閹徒崔魏翟黨之。傾軋報復。至明亡而後已。南渡之初。東林派不欲立福王。實恐其翻三案以報私讎也。後此福王昏淫顛覆。誠足令東林振振有詞。但以當時情勢論。倫序之正。實無出福王右。而東林所欲立之潞王。淸師入浙時迎降恐後。即立之亦未必有以愈於福王也。

(註五)明史福王傳云。『萬曆二十九年。封常洵爲福王。婚費至三十萬。營洛陽邸第至二十八萬。十倍常制。廷臣請王之藩者。數十百奏。不報。至四十二年。始令就藩。先是海內全盛。帝所遣稅使礦使。遍天下。月有進奉。明珠異寶。文毳錦綺山積。他搜括羸羨億萬計。至是多以資常洵。臨行出宮門。召還數四期以三歲一入朝。下詔賜莊田四萬頃。所司力爭。常洵亦奏辭。得減半。中州腴土不足。取山東湖廣田益之。又奏乞故大學士張居正所沒產。及江都至太平沿江荻洲雜稅。竝四川鹽井榷茶銀以自益。伴讀承奉諸官假履畝爲名。乘傳出入河南北齊楚間。所至騷動。又請淮鹽千三百引。設店洛陽與民市中。使至淮揚支鹽乾沒。要求輒數倍。而中州舊食河東鹽。以改食淮鹽故。禁非王肆所出。不得鬻。河東引遏不行。邊餉由此絀。廷臣請改給王鹽於河東。且無與民市。弗聽。帝深居久。羣臣章奏率不省。獨福藩使通籍中左門。一日數請。朝上夕報可。四方姦人亡命探風旨。走利如鶩。如是者終萬曆之世。及崇禎時。常洵地近屬尊。朝廷尊禮之。常洵日閉閤飮醇酒。所好惟婦女倡樂。秦中流賊起。河南大旱蝗。人相食。民間藉藉。謂先帝耗天下以肥王。洛陽富於大內。援兵過洛者喧言王府金錢百萬。而令吾輩枵腹死賊手。……』

(註六)崇禎十四年正月。李自成陷洛陽。常洵遇害。自成醢其肉。雜以鹿脯。名曰「福祿酒。」由崧初封德昌王．進封世子．至是出走懷慶．七月嗣封福王．

（註七）明史奸臣傳言立潞王之議『陰主之者錢謙益．力持者呂大器．而前山東按察使僉事雷縯祚禮部員外郎周鑣往來游說．』縯祚字介立．太湖人．鑣字仲馭．號鹿溪．金壇人．皆東林健將．後爲馬阮構殺．

第十五齣　迎駕

走兩路功名的是單身詞客．
同一副印板的是二位雲娘．
——燕子箋開弔場．
阮大鋮．

時間　明崇禎十七年甲申四月念八日．
地點　鳳陽府督撫衙門．
人物　馬士英——淨．
阮大鋮——副淨．
書辦——外．
長班——丑．
布景——馬士英書房．

備用物——縉紳便覽．眼鏡．筆．硯．表章．差吏衣服．箱包．馬鞭．

馬士英（冠帶上．）

一旦神京失守——

看中原逐鹿交走．

捷足爭先．

拜相與封侯．

憑著這擁立功大權歸手．——（元卜算）

下官馬士英．（註一）別字瑤草．貴州貴陽衛人也．起家萬曆己未進士．現任鳳陽督撫．幸遇國家大變．正我輩得意之秋．前日發書約會史可法．同迎福王．他回書中有『三大罪．五不可立』之言．阮大鋮走去面商．他又閉門不納．看來是不肯行的了．但他現握著兵權．一倡此論．那九卿班裏．如高弘圖．姜日廣．呂大器．張國維等．誰敢竟行．這迎立之事．便有幾分不妥了．沒奈何．又託阮大鋮約會四鎮武臣．及勳戚內侍．未知如何．好生焦急．

阮大鋮（急上．）胸有已成之竹．

山無難劈之柴．

馬　這是馬公書房。不免竟入。

阮（見門介）圓老回來了。大事如何。

馬　四鎮武臣。見了書函。欣然許諾。約定四月念八。全備儀仗。齊赴江浦矣。（註二）

妙妙。那高黃二劉。怎麼說來。

（坐介）

他說受君恩爵封列侯。

鎮江淮千里借籌。

神京未收——

神京未收——

似我輩濫功糜餉。

建牙堪羞。

江浦迎鑾。

願領貔貅。

扶新主持節復讐。

臨大事.
敢夷猶.——(催拍)
此外還有何人肯去.
還有魏國公徐鴻基.司禮監韓贊周.吏科給事李沾。(註三)監察御史朱國昌.
勳衞科道.都有箇把.也就好了。他們都怎麽說來.

馬　阮　馬
他說馬中丞當先出頭.
衆公卿誰肯逗留.
職名早投——
職名早投.——
大家去上書陳表.
擁入皇州.
新主中興.
拜舞龍樓.
將今日勞苦功酬.

遷舊秩。壯新猷。——（催拍）

馬　果然如此。妙的狠了。只是一件。我是一箇外吏。那幾箇武臣勳衞。也算不得部院卿僚。目下寫表。如何列名。

阮　這有甚麼考證。取本縉紳便覽來。從頭鈔寫便了。

馬　雖如此說。萬一駕到。沒有百官迎接。我們三五箇官。如何引進朝去。

阮　我看滿朝諸公。那箇是有定見的。乘輿一到。只怕遞職名的。還挨擠不上哩。

馬　是。是。表已寫就。只空銜名。取本縉紳來。快快開列。

書辦（取縉紳來）西河沿洪家高頭便覽在此。（下）

阮　待我鈔起來。（偏頭遠視介）表上字體。俱要細楷的。目昏難寫。這怎麼處。（想介）有了。（腰內取出眼鏡戴。鈔介）『吏部尙書臣高弘圖』（作手顫介）這手又顫起來了。目下等著起身。一時寫不出。急殺人也。

馬　還叫書辦寫去罷。

阮　還姓名裏面。都有去取。他如何寫得。

馬　你指示明白。自然不錯了。（叫介）書辦快來。

書辦(上)

阮馬(照縉紳指點向書辦介)

書辦(下)

馬　自古道.『中原逐鹿.捷足先得.』我們不可落他人之後.快整衣冠.收拾箱包.今日務要出城.

長班(收拾介)

阮(問介)請問老公祖.小弟怎生打扮.

馬　迎駕大典.比不得尋常私謁.俱要冠帶纔是.

阮　小弟原是廢員.如何冠帶.

馬　正是(想介)沒奈何.權且充箇賫表官罷——只是屈尊些兒.

阮　說那裏話.大丈夫要立功業.何所不可.到這時候還講剛方麼.

馬(笑介)妙.妙.纔是箇『軟圓老.』

阮(換差吏服色介)

拚餘生寒灰已休.

喜今朝涸海更流.

金鰲上鈎——

金鰲上鈎——

爲似太公一釣。

享國千秋。

牛馬風塵。

暫屈何憂。

刀筆吏丞相根由。

人笑罵。

我不羞。——（催拍）

書辦（上）書已列名。老爺過目。

阮（看介）果然一些不差。就包裹好了。裝入箱中。

書辦（包裹裝箱內介）

阮　下官只得背起來了。

書辦長班與阮（綁箱背上介）

馬（看笑介）圓老這件功勞却也不小哩。
阮（正色介）不要取笑。日後畫在凌煙閣上。到有些神氣的。
長班（牽馬介）天色將晚。請老爺上馬。
馬（吩咐介）這迎駕大事。帶不的多人。只你兩箇跟去罷。
阮　便益你們後日都要議敍的。
（俱上馬急走繞場介。）
趁斜陽南山兩收。
控青驄煙驛水郵。
金鞭急抽——
金鞭急抽——
早見浦江雲氣。
楚尾吳頭。
應運英雄。
虎赴龍投。

恨不的雙翅颼颼.銀燭下.拜冕旒.——（催拍）

馬　叫左右早去尋下店房.

阮　呵呀.我們做的何事.今日還想安歇.快跑.快跑.

馬　江雲山氣晚悠悠.

阮　馬走平川似水流.

馬　莫學防風隨後到.

阮　塗山明日會諸侯.

（註一）馬士英事蹟在明史奸臣傳.其與本書有關者附註每齣中.

（註二）南都立君議起.時士英爲鳳陽總督.握兵.內結操江提督誠意伯劉孔昭.南京守備魏國公徐弘基.外結靖南伯黃得功.總兵官劉澤淸.劉良佐.高傑——即所謂四鎭者.連營江北.以四月廿八日擁福王至浦口.當時劉孔昭爲最熱中擁戴之一人.桃花扇不擧其名.不知何故.

（註三）當議迎立福王時.呂大器方兼署禮兵二部印.頓筆不肯署.吏科給事中李沾承士英指.厲聲言「今日有異議者死之.」議遂定.

第十六齣　設朝（註一）

江山南國尚依然，
獨見衣冠倍去年，
日日除書拜新命，
何人曾說舊幽燕。
——吳次尾。
甲申至南京作。

時間　明崇禎十七年甲申五月一日。
地點　南京偏殿。
人物　弘光帝（神宗之孫，福邸親王之子，封爲德昌郡王）——小生。
二監——老旦小旦。
史可法——外。
馬士英——淨。
黃得功——末。
劉澤清——丑。

阮大鋮——副淨

布景——偏殿內.

備用物——儀仗.袍.笏.表文.本章.諭旨

弘光帝（宼冕二監引上.）

高皇舊宇.

看官門殿閣.

重重初敞.

滿目飛騰新紫氣.

倚著鍾山千丈.

祖德重光.

民心合仰.

迎俺青天上.

雲消簾捲.

東南煙景雄壯.——（念奴嬌）

一朵黃雲捧御牀。
醒來魂夢自徬徨。
中興不用親征戰。
纔洗塵顏著袞裳。

寡人乃神宗皇帝之孫。福邸親王之子。自幼封爲德昌郡主。去年賊陷河南。父王殉國。寡人逃避江浦。九死餘生。不料北京失守。先帝升遐。南京臣民。推俺爲監國之主。今乃甲申五月初一日。早謁孝陵。回宮暫御偏殿。看百官有何奏章。

史可法馬士英黃得功劉澤淸（文武袍笏上。）

再見冠裳盛。
重瞻殿闕高。
金甌仍未缺。
玉燭又新調。

我等文武百官。昨日迎鑾江浦。今日陪位孝陵。雖投職名。未稱朝賀。禮當恭上表文。請登大寶。（衆前跪上表介。）南京吏部尚書臣高弘圖等恭請陛下早正大位。改元聽政。以慰臣民之望。恭維陛下呵。

潛龍福邸

望揚揚。
貌似神宗。
嫡派天潢．
久著仁賢聲譽重。
中外推戴陶唐．
瞻仰．
牒出金枝．
系連花蕚．
宜承大統諸宗長。
臣伏願登庸御宇．
早繼高皇．——（本序）
（四拜介．）
弘光　寡人外藩衰宗．才德涼薄．俯順臣民之請．來守高帝之宮．君父含寃．大讐未報．有何面顏．忝然正位．今暫以藩王監國．仍稱崇禎十七年．一切政務．照常辦理。諸卿勿得諄請。以重寡人之罪。

休强。

中原板蕩。

嘆王孫乞食江頭。

棲止榛莽。

回首塵沙何處去。

洛下名園花放。

盼望。

兵燹難消。

松楸多恙。

鼎湖弓劍無人葬。

吾怎忍垂旒正冕。

受賀當陽——（換頭本序。）

衆（跪呼介）萬歲。萬萬歲。眞仁君聖主之言。臣等敢不遵旨。但大雠不當遲報。中原不可久失．將相不宜緩設．謹具題本．伏候裁決．（上本介．）

開朗．
中興氣象．
見罘罳瑞靄祥雲．
王業重創．
不共天讐．從此後
嘗膽眠薪休忘。
參想．
收復中原．
調燮黃閣．
急須封拜卜忠亮．
還缺少百官庶士．
乞選才良．——（換頭本序）

弘光　覽卿題本．汲汲以報讎復國爲請．俱見忠悃．至於設立將相．寡人已有成議．

（衆卿聽著．——）

職掌．
先設將相．
論麒麟畫閣功勞．
迎立爲上．
捧表江頭．星夜去——
擁着乘輿儀仗．
尋訪．
加體黃袍．
嵩呼拜舞．
百忙難把璽符讓．
今日裏論功敍賞．
文武誰當．——（換頭本序）

衆卿且退．午門候旨．

弘光內官（隨下）

史可法馬士英黃得功劉澤清（退班立介。）

史　若論迎立之功。今日大拜。自然讓馬老先生了。

馬　下官風塵外吏。焉能越次而升。若論國家用武之際。史老先生現居本兵。禮當大拜。（向黃劉介。）四鎮實有護駕之勞。加封公侯。只在目下。

黃劉　皆賴恩帥提拔。

內監（捧旨上）聖旨下——鳳陽督撫馬士英。倡議迎立。功居第一。即陞補內閣大學士。兼兵部尚書。入閣辦事。吏部尚書高弘圖。禮部尚書姜曰廣（註二）兵部尚書史可法。亦皆陞補大學士。各兼本銜。高弘圖姜曰廣入閣辦事。史可法着督師江北。其餘部院大小官員。現任者。各加三級。缺員者。將迎駕人員。論功選補。又四鎮武臣。靖南伯黃得功。興平伯高傑。東平伯劉澤清。廣昌伯劉良佐。俱進封侯爵。各回汛地。謝恩。

衆（謝恩介）萬歲。萬萬歲。

（起介。）

史（向黃劉介）老夫職居本兵。每以不能克復中原爲恥。聖上命俺督師江北。正好勠力報效。今與列侯約定。於五月初十日。齊集揚州。共商復讎之事。各須努力。勿得

黃劉　是。遲延。

史　老夫走馬到任去也。正是。

重興東漢逢明主。

收復中原任老臣。

（別衆下）

黃劉（欲下介）

馬（喚介）將軍轉來。（拉手語介）聖上錄咱迎立之功。拜相封侯。我等皆係勳舊大臣。此不得別箇。此後內外消息。須要兩相照應。千秋富貴可以常保矣。

黃劉　蒙恩攜帶。得有今日。敢不遵諭。

（急下。）

馬（笑介）不料今日。做了堂堂首相。好快活也。

阮大鋮（探頭瞧介）

馬（欲下介）且住。立國之初。諸事未定。不要叫高姜二相。奪了俺的大權。且慢回家。竟自入閣辦事便了。（欲入介）

阮（悄上作揖介）恭喜老公祖。果然大拜了。

馬（驚問介）你從那裏來。

阮　晚生在朝房藏着。打聽新聞來

馬　此係禁地。今日立法之始。你青衣小帽。在此不便。請出去罷。

阮　晚生有要緊話說。（附耳介。）老師相敍迎立之功。獲此大位。晚生實表前往。亦有微勞。如何不見提起。

馬　方纔宣旨。各部院缺員。許將迎駕之人。敍功選補矣。

阮（喜介）好好。還求老師相薦拔。

馬　你的事何待諄囑。（欲入介。）

阮　事不宜遲。晚生權當班役。跟進內閣。看看機會何如。

馬　學生初入內閣。未諳機務。你來幫一幫。也不防事。只要小心著。

阮　曉得。（替馬拿笏板隨行介。）

馬　舊黃扉。新丞相。喜一旦趾高氣揚。廿四考中書模樣。

阮　莫忘辛勤老陪堂。——（賽觀音）

馬　殿閣東偏曉霧黃。

阮　新參知政氣昂昂。

馬　過江同是從龍彥。

阮　也步金階抱笏囊。

（註一）南都初建大事日表如下。

崇禎十七年四月廿八日。以迎立福王告於廟。

四月廿九日。徐弘基等迎王於江浦。

五月初一日。王謁孝陵畢。駐蹕內守備府。

初二日。羣臣勸進。王辭讓。稱監國。

初五日。以史可法高弘圖爲大學士。入閣辦事。馬士英爲大學士。仍總督鳳陽等處軍務。

初七日。以姜曰廣王鐸爲大學士。入閣辦事。曰廣辭。以呂大器爲吏部左侍郞。召前都察院左都御史劉宗周復官。

初八日。分江北爲四鎭。以黃得功。劉澤淸。劉良佐。高傑分統之。傑駐徐州。良佐駐壽州。澤淸駐淮安。得功駐廬州。設督師於揚州。節制諸鎭。

初九日。馬士英率兵入朝。

十一日。羣臣勸進。箋三上。王許之。

十二日。史可法自請督師江北。許之。
十五日。王即位。以明年爲弘光元年
十六日。馬士英入閣辦事。仍掌兵部尚書事。
十七日。封黃得功靖南侯。左良玉寧南侯。高傑興平伯。劉澤淸東平伯。劉良佐廣昌伯。加馬士英太子太師。
十九日。史可法陛辭出京。督師揚州。
六月初五日。馬士英薦阮大鋮知兵。命予冠帶來京陛見。
八月三十日。中旨以阮大鋮爲兵部右侍郎巡閱江防。

（註二）高弘圖。字研文。膠州人。其年十月。因忤馬士英致仕。南都亡。絕食殉於會稽之竹園寺。姜曰廣。字居之。新建人。其年九月。因中旨起用阮大鋮。抗疏乞休。順治六年。金聲桓敗後赴水死。

第十七齣　拒媒（註一）

名士傾城氣味投。
何來豪貴起戈矛。
却奩更避田家聘。
彷彿徐州燕子樓。
——吳陳琰。
桃花扇題詩。

時間　明崇禎十七年甲申五月。

地點　南京。

人物　楊文驄——末。

長班——雜。

丁繼之——副淨。

沈公憲——外。

張燕筑——淨。

卞玉京——老旦。

寇白門——小旦。

鄭妥娘——丑。

李香君——旦。

布景一　南京楊文驄私第內。

楊文驄（冠帶上）

南朝領略風流盡。

新立箇妙齡君。

清江隔斷濁烟塵．

蘭署裏買香薰．——（燕歸梁）

下官楊文驄因敍迎駕之功．補了禮部主事．盟兄阮大鋮．仍以光祿起用．又有同鄉越其杰、田仰（註二）等．亦皆稱官．同日命下．可稱一時之盛．目下漕撫缺人．該推陞田仰．（註三）適纔送到聘金三百．託俺尋一美妓．要帶往任所．我想青樓色藝之精．無過香君．不免替他去問．（喚介）長班走來．

長班（上）胸中一部縉紳．脚下千條胡同．（見介）老爺有何使喚．

楊　你快請清客丁繼之女客卞玉京．到我書房說話．

長班　稟老爺．小人是長班．只認的各位官府．那些串客表子．沒處尋覓．

楊　聽我吩咐．

鬧端陽正紛紜．

水閣含春．

便有那烏衣子弟伴紅裙．

難道是織女牽牛天漢津．

長班　就在那秦淮河房麼．小人曉得了．

楊（指介）

你望着棗花簾影杏紗紋。

那壁廂款門慇懃。——（漁兒燈）

丁繼之、沈公憲、張燕筑、（上）院裏常留老白相。朝中新聘大陪堂。

丁　來此是楊老爺私宅。待我叫門。（叫介）位下那裏。

長班　衆位何來。

丁　老漢是丁繼之。同這沈張兩𢿝友。求見楊老爺。煩位下通報一聲。

長班（喜介）正要去請。來的凑巧。待我通報。（欲入介）

卞玉京。寇白門。鄭妥娘（上）紫燕來何早。黃鶯到已遲。

寇（叫介）三位略等一等。同進去罷。

丁　原來是你姊妹們。

張　你們來此何幹。

鄭　大家是一樣病根。你們怕做師父。我們怕做徒弟的。

（俱入介）

楊（喜介）如何來的恰好。

衆　無事不敢輕造。今日特來懇恩。倘容拜見。（俱叩介）

楊（拉起介）請坐。有何見敎。
丁（問介）新補光祿阮老爺。是楊老爺至交麽。
楊　正是。
丁　聞得新主登極。阮老爺獻了四種傳奇。聖心大悅。把燕子箋鈔發總綱。要選我們入內敎演。有這話麽。
楊　果然有此盛舉。
張　不瞞老爺說。我們兩片唇。養着八張嘴。這一入內庭。豈不滅門絕戶了一家兒。
鄭　我們也是八張嘴。靠着兩片皮哩。
楊（笑介）不必著忙。當差承應。自有一班敎坊男女。你們都算名士數裏的。誰好拏你。
衆　只求老爺護庇則箇。
楊　明日開列姓名。送與阮圓海。叫他一概免拏便了。
衆　多謝老爺。
　　看一片秣陽春煙水消魂。
　　借着些笙歌裙屐醉斜曛。
　　若把俺盡數入選呵。

從此後江潮暮雨掩柴門.
再休想白舫青簾載酒尊.
老爺果肯見憐.這功德不小.
保秦淮水軟山溫.——(漁兒燈)

楊　下官也有一事借重.
丁　老爺有何見教.
楊　舍親田仰.不日就陞漕撫.適纔送到聘金三百.託俺尋一小寵.
鄭　讓我去罷.
張　你去不得.你去了.這院中便散了板兒了.
鄭　怎的便散了板兒.
張　沒人和我打釘了.
鄭　啐.
丁　老爺意中可有一箇人兒麼.
楊　人是有一箇在這裏.只要你去作伐.
卞　是那箇.

楊　便是李家的香君．

丁　（搖頭介）這使不得．

楊　如何使不得．

丁　他是侯公子梳櫳過的．

現有箇秦樓上吹簫舊人．

何處去覓封侯柳老三春．

留着他燕子樓中晝閉門．

怎教學改嫁的卓文君．

楊　侯公子一時高興．如今避禍遠去．那裏還想着香君哩．但去無妨．

卞　香君自侯郎去後．立志守節．不肯下樓．豈有嫁人之理．去也無益．

似一隻雁失羣．

單宿水獨叫雲．

每夜裏月明樓上度黃昏．

洗粉黛．

抛扇裙．

罷笛管.
歇喉脣.
竟是長齋綉佛女尼身.
怕落了風塵.——（錦上花）

楊　雖如此說.但有强如侯郎的.他自然肯嫁.

丁　香君之母.原是老爺厚人.倒是老爺面講更好.

楊　你是知道的.侯郎梳櫳香君.原是下官作伐.今日覿面.如何講說.還煩二位走走.自有重謝.

張沈　這等我們也走走.

寇鄭　呸.皮肉行裏經紀.只許你們做麼.俺也同去.

楊　不必爭鬧.待他二位說不來時.你們再去.

衆　是.是.辭過老爺罷.

楊　也不遠送了.狎客滿堂消我悶.嫁衣終日爲人忙.（下）

丁卞　楊老爺免了咱們差事.莫大的恩典哩.

沈張　正是.

丁　你四位先回，俺要到香君那邊，替楊老爺說事去了。

鄭　賺了錢，不可偏背，大家分纔好。

衆　（諢下）

丁卞　（同行介）

丁　記得侯公子梳櫳香君，也是我們幫襯來。

想當初華筵盛陳，配才子佳人。排列着花林粉陣，逐趁著箏聲笛韻。如今又去幫襯別家，好不赧顏。恁似郵亭馬嘶，迎官送賓。

卞　我們不去何如。

丁　俺若不去呵，又怕他新錚錚春官匣印。

卞 硬選入秋宮院門。

丁 這等如之奈何。

俺自有箇兩全之法。

到那邊款語商量。

柔情索問。

做一箇閒蜂媒花裏混。——（錦中拍）

卞 妙。妙。

丁 來此已是。不免竟進。（喚介）貞娘出來。

李香君（上）空樓寂寂含愁坐。長日懨懨帶病眠。（問介）樓下那箇。

卞 丁相公來了。

香（望介）原來是卞姨娘同丁大爺光降。請上樓來。

丁卞（見介）令堂怎的不見。

香 往盒子會裏去了。（讓介）（請坐獻茶同坐介）

卞 香君閒坐樓窗。和那箇頑耍。

香 姨娘不知。

俺獨自守空樓.
望殘春.
白頭吟罷淚沾巾.

卞　何不招一新壻.

香　奴家已嫁侯郎.豈肯改志.

丁　我們曉你苦心.今日禮部楊老爺說.有一位大老田仰.肯輸三百金.娶你爲妾.託俺來問一聲.

香　這題目錯認.
這題目錯認.
可知定情詩紅絲拴緊.
抵過他萬兩雪花銀.

卞　這事憑你裁着.你既不肯.另問別家.

香　賣笑哂.
有句欄豔品.

奴是薄福人．
不願入朱門．——（錦後拍）

卞　既如此說．回他便了．
丁　令堂回家．不要見錢眼開．
香　媽媽疼奴．亦不肯相强的．
丁　如此甚好．可敬．可敬．（起介）别過了．
沈張寇鄭（急上）兩處紅絲千里繫．一條黑路六人忙．
張　快去．快去．他二人說成．便偏背我們了．
鄭　我就不依他．饒他吃到口裏．還倒出臟來．（進介）
張　香君恭喜了．
香君　喜從何來．
寇　雙雙媒人來你家．還不喜哩．
香君　敢他說田仰的事麼．
張　便是．
香君　方纔奴已拒絕了．

沈　楊老爺的好意．如何拒得．

他爲你生小綠珠花月身．

尋一個金谷綺羅裏石季倫．

香君　奴家不圖富貴．這話休和我講．

丁卞　我二人在此勸了半日．他決不肯嫁人的．

寇　他不嫁人．明日拏去學戲．要見箇男子的面也不能彀哩．

歌殘舞罷鎖長門．

臥氍毹夜夜傷神．

香君　奴便終身守寡．

有何難哉．

鄭　只不嫁人．

難道三百兩花銀．買不去你這黃毛丫頭麼．

香君　你要銀子．你便嫁他．不要管人家閒事．

鄭（怒介）好丫頭．搶白起娘姨來了．我就死在你家．（撒潑介）

小私窠賤根．

小私窠賤根。
掉巧舌訕謗尊親。

張（發威介）好大膽奴才。楊老爺新做了禮部。連你們官兒都管的着。明日拏去㨃掉你指頭。

管烟花要津。
管烟花要津。
觸惱他風狂雨迅。
准備着桃傷柳損。

香君　儘你嚇說。奴的主意已定了。

卞　看他小小年紀。倒有志氣。

丁　嚇他不動。走罷走罷。

鄭　我這裏撒潑。沒箇人來拉拉。氣死我也。他不嫁人。我扭也扭他下樓。

硬推來門外雙輪。
硬推來門外雙輪。

兜折寶釧．

扯斷湘裙．

丁　自古道有錢難買不賣貨．撒了賴當不的．大家散罷．

沈寇　我兩箇原要不來吃虧．老燕．老妥．强拉到此惹了這場沒趣．走．走．走．

快出門．

掩羞面．

氣忍呑聲．

張鄭　我們也走罷．

乾發虛．

沒鈔分．

遺臊撒糞．——（北罵玉郎）

沈張寇鄭（俱諢下）

丁卞　香君放心．我們回絕楊老爺．再不來纏你便了．

香君（拜介）這等多謝二位（作別介）

丁　蜂媒蝶使鬧紛紛。

香君　闌入紅窗攪夢魂。

卞　一點芳心探不去。

香君　朝朝樓上望夫君。

（註一）田仰以三百金聘香君。香君卻之。事見朝宗所爲李姬傳。朝宗復有答田中丞書云。『承示省訟。慚愧無所自容。執事與僕。齒不啻倍蓰。位不啻懸隔。顧猥與僕道及少年之遊。謂執事往日曾以兼金三百。招致金陵伎。爲伎所却。僕實數之。而因以爬垢索瘢。甚指議執事者。僕誠不自修飭。然竊恐重爲執事累也。使執事無可議。則昔賢如白太傅。歐陽公。東坡居士。皆與鳴珂不廢酧答。未聞後世之議之也。何獨至執事。而苛求之。執事果有可議。即不徵伎。庸但已乎。僕之來金陵也。太倉張西銘偶語僕曰。「金陵有女伎李姓。能歌玉茗堂詞。尤落落有風調」。僕因與相識。間作小詩贈之。未幾。下第去。不復更與相見。後半歲。乃聞其却執事金。嘗竊歎異。自謂知此伎不盡。而又安從敎之。且執事之邀之。在僕去金陵之後。今天下如執事者。不止一人。豈僕居常獨時時標舉執事之姓名。預告此伎。謂異日或邀。若必不得遑乎。此伎而無知也者。以執事三百金之厚貲。中丞之貴。方且奔命恐後。豈猶記憶一落拓書生之言。倘其有知。則以三百金之貲。中丞之貴。曾不能一動之。此其胸中必自有說。而何待乎僕之告之也。士君子立身行己。自有本末。反覆來示。益復汗下。僕雖書生。常恐一有蹉跌。將爲此伎所笑。而又能以生平讀數卷書賦數首詩之伎倆。遂頤指而使之耶。惟執事垂察不宣。』

案。此事誠有之。但恐非在甲申年。或是庚辰辛巳間耳。

（註二）呂大器劾馬士英疏云：『……姻婭若越其杰田仰揚文驄等，皆先朝罪人，盡登膴仕，名器僭越，莫此爲甚。』

（註三）馬士英入閣辦事之次日，以田仰巡撫淮揚提督軍務兼理海防，非任漕撫也。漕撫乃仰在天啓時舊官耳。

第十八齣　爭位

呻吟轉側今何地，

跋扈飛揚各一時。

——杜于皇變雅堂詩。

時間　明崇禎十七年甲申五月。

地點　揚州

人物　侯朝宗——生。

書童——小生。

史可法——外。

高傑——副淨。

黃得功——末。

劉澤淸——丑。

劉良佐——淨。

衆雜。

布景——史閣部書房。

備用物——儀衞。筆。硯。告示。刀。

侯朝宗（上）無定輸贏似奕棋。

書空殷浩欲何爲。

長江不限天南北。

擊楫中流看誓師。

小生侯方域。前日替史公修書。一時激烈。有『三大罪五不可立』之議。不料福王今已登極。馬士英竟入閣辦事。把那些迎駕之臣。皆錄功補用。史公雖亦入閣。又令督師江北。這分明有外之之意了。史公却全不介意。反以操兵勦賊爲喜。如此忠肝義膽。人所難能也。現在開府揚州。命俺參其軍事。（註一）約定今日齊集四鎭。共商防河之計。不免上前一問。（作至書房介）管家那裏。

書僮（上）侯爺來了。待我通報。

僮請。

史可法（上）

持節江臯。

龍驤虎嘯。

憂國事不顧殘軀。

雙鬢蒼白了。——（北點絳脣）

侯（見侯介）世兄可知今日四鎮齊集。共商大事。不日整師誓旅。雪君父之讎了。

如此甚妙。只有一件——高傑鎮守揚通。兵驕將傲。那黄劉三鎮。每發不平之恨。今日相見。大費調停。萬一兄弟不和。豈不爲敵人之利乎。

史　所說極是。今日相見。俺自有一番勸慰之言。

僮（報介）轅門傳鼓。說四鎮到齊。伺候參謁。

侯（下）

史（升帳吹打開門）

雜（排左右儀衞介）

高傑、黄得功、劉澤清、劉良佐（俱介冑上）（註二）

只恨燕京無樂毅。

誰知江左有夷吾。

(入見稟介)四鎮小將。叩見閣部大元帥。(拜介)

史(拱手立介)列侯請起。

高等(俱排立介)聽候元帥將令。

史　本帥以閣部督師。君命隆重。大小將士俱在指揮之下。

衆　是。

史　四鎮乃堂堂列侯。不比尋常武弁。(舉手介)屈尊侍坐。共議軍情。

衆　豈敢。

史　本帥命坐。便如軍令一般。不可推辭。

衆　是。(揖介)告坐了。

(高首坐黃淸佐依次坐介)

黃(怒視高介)

史　淮南險要。

江河保障勢滔滔。

一帶奇雲結陣。

滿目細柳垂條。鐵馬嘶風先突塞。犀軍放弩早驚潮。說甚麼徐、常、沐、鄧。比得上絳、灌、蕭、曹。同心共把乾坤造。看古來功臣閣丹青圖畫。似今日列侯會劍佩弓刀。——(混江龍)

黃(怒介)元帥在上。小將本不該爭論。(註三)(指介)這高傑乃投誠草寇。有何戰功。今日公然坐俺三鎭之上。

高　我投誠最早。年齒又尊。豈肯居爾等之下。

淸　此處是你汛地。我們都是客兵。連一箇賓主之禮不曉得。還要統兵。

佐　他在揚州。享受繁華。尊大慣了。今日也該讓咱們來享享。

高　你們敢來。我就奉讓。

黃　那箇是不敢的。（起介）兩位劉兄同我出來。即刻見箇强弱。（怒下。）

史　（向高介）他講的有理。你還該謙讓纔是。

高　小將寧死不在他們之下。

史　你這就大錯了。

四鎭堂堂氣象豪。
倚仗著恢復北朝。
看您挨肩雁序。
恰似好同胞。
爲甚的爭坐位失了同心好。
鬭齒牙變了協恭貌。
一箇眼睜睜同室操戈盾。
一箇怒沖沖平地起波濤。
沒見陣上逞威風。
早已窩裏相爭鬧。

笑中興封了一夥

（指介）

小兒曹——（油葫蘆）不料四鎭英雄．可笑如此．老夫一天高興．却早灰冷一半也．沒奈何．且出張告示．曉諭三鎭．叫他各回汛地．聽候調遣．（向高介）你旣駐紮本境．就在本帥標下．做箇先鋒．各有執掌．他們也不敢來爭鬧了．

高　多謝元帥．

史　待老夫寫起告示來．（寫介）

內（喊吶介）

高（不辭出介）

黃二劉（持一刀上）高傑快快出來．

高（出見介）你青天白日．持刀吶喊．竟是反了．

黃　我們爲什麼反．只要殺你這箇無禮賊子．

高　你們敢在帥府門前如此放肆．難道不是無禮賊子麼．

黃、二劉（趕殺高介）

高（入轅門叫介）閣部大老爺救命呀．黃劉三賊殺入帥府來了．

黃二劉（門外喊罵介）

史（驚立介）

俺只道塞馬南來把戰挑。殺聲漸高。却是咱兵自鏖。這時候協力同讐還愁少。怎當的鬩牆鼓譟。起了箇離閒根苗。這纔是將難調。北賊易討。——（天下樂）

（吩咐介）快請侯相公出來。

雜（向內介）侯爺有請。

侯（急上）晚生已聽的明白了。

史　借重高才。傳俺帥令。安撫亂軍。

侯 如何安撫

史 老夫有告示一紙。快去曉諭他們便了。

侯 遵命。（接告示出見介）列侯請了。小弟乃本府參謀。奉閣部大元帥之命。曉諭三鎮知悉。恭逢新主中興。闖賊未討。正我輩枕戈待旦。立功報效之時。不宜懷挾小忿。致亂大謀。侯收復中原。太平賜宴。論功敘坐。自有朝儀。目下軍容匆遽。凡事權宜。皆當相諒。無失舊好。興平侯高。原鎮揚通。今卽留在本帥標下。委作先鋒。靖南侯黃。仍回廬和。東平侯劉。仍回淮徐。廣昌侯劉。仍回鳳泗。靜聽調遣。勿得抗違。軍法凜然。本帥不能容情也。特諭。

黃 我們只要殺無禮賊子。怎敢犯元帥軍法。

侯 目今轅門截殺。這就是軍法難容的了。

清 既是這等。不要驚著元帥。大家且散。

佐 明日殺到高傑家裏去罷。正是。

國讎猶可恕。

私恨最難消。

（下）

侯（入見介）三鎮聞令。暫且散去。明日還要厮殺哩。

史

這却怎處．（指高介．）

高將軍．

你橫將讐釁招．

爲甚的不謙恭妄自驕．

坐了箇首席鄉三老．

惹動他諸侯五路刀．

憑儀秦一番舌戰巧．

也不過息兵半晌饒．

費調停．

乾焦燥．

難消釋．

空懊惱．

這情形何待瞧．

那事業全丟了．——（後庭花）

高　元帥不必著急。明日和他見過輸贏。把三鎮人馬併俺一處。隨著元帥。恢復中原。却亦不難也。

史　你說的是那裏話。現今流寇北來。將渡黃河。總兵許定國不能阻擋。連夜告急。正要與四鎮商議。發兵防河。今日一動爭端。僨俺大事。豈不可憂。

高　他三鎮也不為別的——只因揚州繁華。要來奪取。俺怎肯讓。

史　這話益發可笑了。

領著一枝兵。
和他三家傲。
似累卵泰山壓倒。
你占住繁華廿四橋。
竹西明月夜吹簫。
他也想隋堤柳下安營巢。
不教你蕃釐觀。獨誇瓊花少。
誰不羨揚州鶴背飄。

妬　殺你腰纏十萬好．

怕　明日殺聲咽斷廣陵濤．——（煞尾）

侯　罷．罷．罷．老夫已拚一死．更無他法．侯兄長才．只索憑你籌畫了．
　　且看局勢．再作商量．

史侯（下）

（吹打掩門雜俱下）

高（登場介）俺高傑也是一條好漢．難道坐以待斃不成．明日黃金壩上．點齊人馬．排下
　　陣勢．等他來時．迎敵便了．正是．

龍爭虎鬭逞英豪．

杯酒筵邊動劍刀．

劉項何須成敗論．

將軍頭斷不降曹．

（註一）朝宗曾參史公軍事．蓋屬事實．然桃花扇繫其事於甲申五月．恐太早．考朝宗年譜甲申
年條下云．『阮大鋮修東林之怨．逮復社諸子．公依蘇松撫軍張鳳翔．』又云．『阮復檄捕公．公
渡江依史可法於揚州．』又練貞吉四憶堂詩集序云．『甲申．朝宗罹皖江黨人之獄．避兆司馬

公（案，貞吉之父練國事也。朝宗九哀詩國事居其一。）邸中。始與余定交。』大鋮起用在是年八月。其與黨獄在冬間。大抵難初作時。朝宗暫匿練國事家。旣乃走蘇州依張鳳翔。檄捕益急。乃更依史公。使五月前久在史幕。何以難作後忽練忽張。轉徙無定。但侯史本屬世誼。朝宗或常往來史公幕中參謀議，亦屬意中事。故史公九月十五日答淸睿王多爾袞書。相傳爲朝宗手筆。桃花扇將史公許多事蹟穿插入朝宗。亦非無因也。

（註二）黃得功。字虎山。開原衞人。崇禎初以入援山東功。官總兵。十七年封靖南伯。南都立。進封侯，駐廬州。與高傑二劉並稱四鎭。

高傑。字英吾。米脂人。與李自成同縣。同起事。盜自成妻邢氏。歸降洊升總兵官。孫傳庭敗於潼關時。傑有衆四十萬。渡河南下。大掠邳泗之間。南都立。封興平伯。駐揚州。

劉澤淸。字鶴洲。曹縣人。崇禎末官至總兵。久鎭山東。騷掠無已。好賂權貴。集賓客弄文墨。京師陷。走南京。以擁立功封東平伯。駐廬州。

劉良佐。故淮撫朱大典部將。福王封廣昌伯。駐壽州。　劉良佐字明輔大同左衞人。故淮撫朱大典部將。福王封廣昌伯。初與高傑同居李自成麾下。傑護內營。良佐護外營。後傑降。未幾良佐亦降。（見南略三）

（註三）四鎭爭閧事詳第十九齣註一。

第十九齣　和戰（註）

恨山河半傾。

恨山河半傾。

怎能重構。
人心瓦解忘恩舊。
——本詞。

時間　明崇禎十七年五月。
地點　揚州黃金壩。
人物　黃得功——末。
劉良佐——淨。
劉澤清——丑。
高傑——副淨。
軍校——雜。
侯朝宗——生。
小軍。——
探卒。——雜。

布景　郊野。
備用物　旗幟。兵仗。大刀。長槍。雙鞭。雙刀。令箭。傳鑼。

黃得功、劉良佐、劉澤清（戎裝）雜（扮軍校執旗幟器械吶喊上）

黃　兄弟們俱要小心著．聞得高傑點齊人馬．在黃金壩上．伺候迎敵．我們分作三隊．依次而進．
佐　我帶的人馬原少．讓我挑戰．兩兄迎敵便了．
黃　我的田雄不曾來．我作第二隊．總叫鶴洲哥哥壓哨罷．
澤　就是如此．大家殺向前去．（搖旗吶喊急下）
高傑（戎裝軍校執械隨上）大小三軍——排開陣勢．伺候迎敵．
探卒（上）報．報．報——三家賊兵．搖旗吶喊．將次到營了．
佐（持大刀上）老高——快快出馬．今日和你爭箇誰大誰小．
高（持鎗罵上）你花馬劉．是咱家小兄弟．那箇怕你．
內（擊鼓）佐高（廝殺介）
高（叫介）三軍齊上．活捉了這箇劉賊．
雜（上亂戰介）
佐（敗下）
黃（持雙鞭上）我黃闖子的本領．你是曉得的．快快磕頭．饒你一死．
高　我高老爺不稀罕你這活頭．要取件那顆死頭的．
內（擊鼓）黃高（廝殺介）

高（叫介）三軍再來。

雜（上亂戰介）

黃（急介）從來將對將。兵對兵。如何這樣混戰。倒底是箇無禮賊子。今日且輸與你。（敗下。）

清（持雙刀領衆喊上介）高傑——你不要逞强。我劉鶴洲也帶着些人馬哩。咱就混戰一場。有何不可。

高　我翻天鷂子。不怕人的。憑你豎戰也可。橫戰也可。殺。殺。殺。

（兩隊領衆混戰介）

侯（持令箭立高臺小軍持鑼敲介）

衆（止殺仰看介）

侯（搖令箭介）閣部大元帥有令。四鎭作反。皆督師之過。請先到帥府。殺了元帥。次到南京。搶了宮闕。不必在此混戰。騷害平民。

清　我們並不曾作反。只因高傑無禮。混亂坐次。我們爭箇明白。日後好參謁元帥。

高　我高傑乃本標先鋒。怎敢作反。他們領兵來殺。只得迎敵。

侯　不奉軍令。妄行廝殺。都是反賊。明日奏聞朝廷。你們自去分辯罷。

清　朝廷是我們迎立的。元帥是朝廷差來的。我們違了軍令。便是叛了朝廷。如何使得。情願束身待罪。只求元帥饒恕。

侯　高將軍——你如何說。

高　我高傑是元帥犬馬。犯了軍法。只聽元帥處分。

侯　既如此說。速傳黃劉三鎮。同赴轅門。央求元帥。

清　二鎮敗走。各回汛地去了。

侯　你淮揚兩鎮。脣齒之邦。又無宿嫌。爲何聽人指使。快快前去。候元帥發落。

（衆兵下）

侯（下臺）（清高同行到介）

侯　已到轅門了。兩位將軍。在外等候。待俺傳進去。（稍延卽出介）元帥有令。四鎮擅相爭奪。皆當軍法從事。但高將軍不知禮體。挑嫌起釁。罪有所歸。著與三鎮服禮。俟解和之日。再行處分。

勸將軍自思。
勸將軍自思。
禍來難救。

高（惱介）負荊早向轅門叩．我高傑乃元帥標下先鋒．元帥不加護庇．倒叫與三鎭服禮．可不羞死人也．罷．罷．罷．看來元帥也不能用俺了．不免領兵渡江．另做事業去．

這屈辱怎當．
這屈辱怎當．
渡過大江頭．
事業掀天做．

（喚介）三軍快來．隨俺前去．

（衆兵上吶喊搖旗隨下）

淸（望介）呀．呀．呀．高傑竟要過江了．想江南有他的黨羽．不日要領來與俺廝鬬．俺也早去．約會黃劉二鎭．多帶人馬．到此迎敵．

笑力窮遠走．
笑力窮遠走．
長江洗羞．

防他重來作寇——（香柳娘）

清（下）

侯（呆介）不料勢局如此。叫俺怎生收救。

恨山河半傾。恨山河半傾。怎能重搆。人心瓦解忘恩舊。

（南望介）那高傑竟是反了。

看揚揚渡江。看揚揚渡江。旗幟亂中流。直入南徐口。

（北望介）那劉澤清——也急忙北去。要約會三鎮人馬。同來迎敵。

這煙塵徧有。

這煙塵徧有.
好叫俺元帥搔頭.
參謀搓手.——(香柳娘)

(行介)且去回覆了閣部.再作計較.正是

堂堂開府轄通侯.
江北淮南數上游.
只恐樓船與鐵馬.
一時都羨好揚州.

(註)四鎮初建.使劉澤清轄淮海.駐淮安.經略山東一路.高傑轄徐泗.駐徐州.經略開歸一路.劉良佐轄鳳壽.駐壽州.經略陳杞一路.黃得功轄滁和.駐盧州.經略光固一路.而史可法以閣部督師駐揚州節制調遣之.此五月初八日史公奏請十五日得旨俞允者也.然傑兵時已抵揚州.揚民畏其剽掠.相率城守.傑攻城逾月.剽奪村廂婦女.屠膾日以百數.及可法渡江誓師.傑驟來迎.可法撫之有恩禮.許傑駐瓜州.傑稍戢.傑最忌黃得功.得功營送其同姓一總兵赴任登萊.率輕騎三百出高郵.傑疑其圖己.伏精騎中道邀擊之於土橋.得功三百騎盡沒.僅以身免.又亡其愛馬.得功怒.訴於朝.誓與傑決一死戰.可法命監軍萬元吉解之.不可.會得功有母喪.可法來弔.親勸得功.又使監紀應廷吉說傑償其馬.且以千金為黃母賻.事乃解.後傑感可法義.遂聽調遣.

規取中原

案前齣所隸者爲土橋事。在甲申九月初一日。此齣敍和解事。更在其後。本書悉歸諸五月。似誤。又案。前次執和解之役者爲萬元吉。後次爲應廷吉。本書歸功侯方域。皆借用耳。

第二十齣　移防

局已變。勢難支。躊躇中夜少眠時。自嘆經綸空滿紙。——本詞。

時間　明崇禎十七年甲申六月。

地點　揚州。

人物　高傑。衆雜。報卒。——雜。史可法。

從人。——雜。
侯朝宗。
中軍。——丑。
布景　幕外
高傑（領衆執械上）
策馬欲何之。
策馬欲何之。
江鎖堅城。
弩射雄師。
且收兵。
且收兵。
占住這揚州市。——（錦上花）
俺高傑領兵渡江。要搶蘇杭。不料巡撫鄭煊。操舟架礮堵住江口。沒奈何又回揚州。但不知黃劉三鎮。此時何往。
報卒（上）報上將軍。黃劉三鎮。會齊人馬。南來迎敵。前哨已到高郵了。

高　呵呀．不好了．南下不得．北上又不能．好叫俺進退兩難．（想介）罷．罷．還到史閣部轅門．央他的老體面．替俺解救罷．（行介）

速去乞恩慈．

速去乞恩慈．

空忝羞顔．

答對何辭．

這纔是．

這纔是．

自作孽天教死．——（錦上花）

內（喊介）高（領衆走下）幕開．

布景　軍營．轅門外置鼓．

備用物　令箭．

史可法（從人上）

局已變．

勢難支.
躊躕中夜少眠時.
侯朝宗(上)
自歎經綸空滿紙.
史(向侯介)世兄.你看高傑不辭而去.三鎮又不遵軍法.俺本標人馬.爲數無幾.怎能守得住江北.眼看大事已去.奈何.奈何.
侯　聞得巡撫鄭煊.堵住江口.高傑不能南下.又回揚州來了.
史　那三鎮如何.
侯　三鎮知他退回.會齊人馬.又來迎敵.前哨已到高郵了.
史(愁介)目前局勢.更難處矣.
三百年事.
是何人掀翻到此.
隻手兒怎擎青天.
卻萊兵總仗虛詞.
合　煙塵滿眼野橫屍.

只倚揚州兵一枝。——（玉抱肚）

中軍（傳鼓介）

雜（問介）門外擊鼓。有何軍情。

中軍　將軍高傑。領兵到轅。求見元帥。

史　他果然來了。傳他進來。看他有何說話。

（升帳開門左右排列介）

高（急跪上介）小將高傑。擅離汛地。罪該萬死。求元帥開恩饒恕。

史　你原是一箇亂民。朝廷許你投誠。加封侯爵。不曾薄待了你。爲何一言不合。竟自反去。及至渡江不得。又投轅門。忽而作反。忽而投誠。把箇作反投誠。當做兒戲。豈不可恨。本該軍法從事。姑念你悔罪之速。暫且饒恕。

高（叩頭起介）

史（問介）你還有何說。

高（又跪介）前日擅離汛地。只爲不肯服禮。今三鎭知俺回來。又要交戰。小將雖强。獨力怎支。還望元帥解救。（向侯央介）侯先生替俺美言一句。

侯　你不肯服禮。叫元帥如何處斷。

史　正是。事到今日。本帥也不能偏護了。

合 爭論坐次.
動干戈不知進止.
他三家鼎足稱雄.
你孤單危命如絲.
煙塵滿眼野橫屍.
只倚揚州兵一枝.——(玉抱肚)

高 元帥不肯解救.小將寧可碎首轅門.斷不拜他下風.

侯 你那黃金壩上.威風那裏去了.

高 那時他沒帶人馬.俺用全軍混戰.因而取勝.今日三家捲土齊來.小將不得不臨事而懼矣.

侯 小生倒有箇妙計.——只怕你不肯依從.

高 除了服禮.都依.都依.

侯 目今流賊南下.將渡黃河.許定國不能阻擋.連夜告急.元帥正要發兵防河.你何不奉命前往.坐鎮開洛.既解目前之圍.又立將來之功.他三鎮知你遠去.也不能興無名之師了.將軍以爲何如.

高（低頭思介）待我商量。

內（吶喊介）

史　城外殺聲震天。是何處兵馬。

中軍（報介）黃劉三鎮。領兵到城。要與高將軍廝殺哩。

高（攔介）這怎麼處。只得聽元帥調遣了。

史　既然肯去。速傳軍令。曉諭三鎮。（拔令箭丟地介）

中軍（拾令箭跪介）

史　高傑無禮。本當軍法從事。但時值用人之際。又念迎駕之功。暫且饒恕。罰往開洛防河。將功贖罪。今日已離揚州。三鎮各釋小嫌。共圖大事。速速回汛。聽候調遣。

中軍　得令。（下）

史（指高介）高將軍。高將軍。只怕你的性氣。到處不能相安哩。

黃河難恃。

勸將軍謀終慮始。

那許定國也不是箇安靜的。

須提防酒前茶後.
軟刀槍怎鬬雄雌.
合　煙塵滿眼野橫屍.
只倚揚州兵一枝.——（玉抱肚）
（向侯介）防河一事.乃國家要著.我看高將軍勇多謀少.儻有疏虞.罪坐老夫.仔細想來——河南原是貴鄉.吾兄日圖歸計.路阻難行.何不隨營前往.既遂還鄉之願.又好監軍防河.且爲桑梓造福.豈非一舉而三得乎.

侯　多謝美意.就此辭過元帥.收拾行裝.即刻起程便了.（註）

高　一同告辭罷.（拜別介）

史（向侯介）參謀此去.便如老夫親身防河一般.只恐勢局叵測.須要十分小心.老夫專聽好音也.正是

人事無常爭勝負.
天心有定管興亡.

（下）（吹打掩門侯高出介）

高　侯先生——你聽殺聲未息.只怕他們前面截殺.

侯 無妨也。他們知你移防。怒氣已消。自然散出的。況且三鎮之兵。俱走東路。我們點齊人馬。宜出北門。從天長六合。竟奔河南。有何阻擋。

（衆兵旗仗伺侯介）

高 就此起程。

（行介）

侯 鄉園繫思。久斷平安字。烏棲一枝。鬱鬱難居此。結伴還鄉。白雲如駛。遂了三年歸志。

高 統著全師。煙城柳驛行參差。

莫逞舊雄姿．函關偷度時．揚州倒指．看不見平山蕭寺．平山蕭寺．——（朝元令）

合

高落日林梢照大旗．侯從軍北去慰鄉思．高黃河曲裏防秋將．侯好似英雄末路時．

（註）侯方域依高傑防河事．見賈開宗胡介祉所爲傳．四憶堂詩集有贈高開府二首．但方域何以忽入高幕．或由史公推轂．亦意中事．

同二十齣　閒話

無聊笑撚花、說：

處處鵑啼血．

好花須映好樓臺．
休傍秦關蜀棧戰場開．

★　★　★　★

倚欄極目渾無緒．
更對東風語．
好風休簸戰旗紅．
早送鮮魚如雪過江東．
——陳維崧．

虞美人．

時間　明崇禎十七年甲申七月十五日中元節．
地點　南京附近江邊村店．
人物　張薇（字瑤星．錦衣衛堂官）——外．
藍瑛（字田叔．畫師）——小生．
蔡益所（書賈）——丑．
店主人——副淨．
雜

布景——江邊村店．店前豆棚一架．

備用物——白巾．麻衣．酒杯．菜碟．瓦鐙．香爐．香盒．香案．洗盆．旛幢．細樂．乘輿．

（內鳴金擂鼓吶喊介）

張薇（扮老官人白巾麻衣包裹急上．）

戎馬消何日．
乾坤賸此身．
白頭江上客．
紅淚自沾巾．

（立住大哭介．）

藍瑛（扮山人背行李上．）

日淡村煙起．
江寒雨氣來．

蔡益所（扮賈客背行李上．）

年年經過路．
離亂使人猜．

藍（見蔡介）請了．我們都是上南京的．天色將晚．快些起行」

蔡　正是——兵荒馬亂．江路難行．大家作伴纔好．（指張介）那箇老者．爲何立住了脚．只顧啼哭．
藍　（問張介）老兄．想是走錯了路．失迷什麼親人了．
張　（搖手介）不是．不是．俺是從北京下來的．行到河南．遇著高傑兵馬．受了無限驚恐．剛得逃生．渡過江來．看見滿路都是逃生奔命之人．不覺傷心．慟哭幾聲．（掩淚介．）
藍　原來如此．可憐．可嘆．
蔡　既是北京下來的．俺正要問問近日消息．何不同宿村店．大家談談．
張　甚妙．我老腿無力．也要早歇哩．
藍　（指介）這座村店．稍有牆壁．就此同宿了罷．（讓介）請進．
（同入介．）
張　（仰看介）好一架豆棚．
藍　大家放下行李．便坐這豆棚之下．促膝閒話也好．
（同放行李介．）
店主人（上）村店新泥壁．田家老瓦盆．

（問介）衆位客官．還用晚飯麼．

衆　不消了．

藍　煩你買壺酒來．削瓜剝豆．我與二位解解困乏罷．

張（向藍介）怎好取擾．

蔡（向張介）四海兄弟．卻也無妨．待用完此酒．咱兩箇再回敬他．

店主（取酒菜上．）

（三人對飲介．）

張（問介）方纔都是路過．不曾請教尊姓大號．要到南京有何貴幹．

藍　在下姓藍名瑛．字田叔．是西湖畫士．特到南京訪友的．（註一）

蔡　在下是蔡益所．世代南京書客．纔從江浦索債回來的．（註二）（問張介）老兄是從北京下來的了．敢問高姓大名．有甚急事．這等狼狽．

張　不瞞二位說．下官姓張名薇．原是錦衣衛堂官．（註三）

蔡（驚介）原來是位老爺．失敬．失敬．

藍（問介）爲何南來．

張　三月十九日．流寇攻破北京．崇禎先帝縊死煤山．周皇后也殉難自盡．下官走下城頭．領了些本管校尉．尋著屍骸．擡到東華門外．買棺收殮．獨自一箇

藍　藏孝守靈。那舊日的文武百官那裏去了。

張　何曾看見一人。那時闖賊搜查朝官。逼索兵餉。將我監禁夾打。我把家財盡數與他。纔放我。守靈戴孝。別箇官兒。走的走。藏的藏。或被殺。或下獄。或一身殉難。或闔門死節。

藍　有這樣忠臣。可敬。可敬。

張　還有進朝稱賀。做闖賊僞官的。……

蔡　有這樣狗彘。該殺。該殺。

張（掩淚介）可憐皇帝皇后兩位梓宮。丢在路傍。竟沒人偢睬。

藍蔡（俱掩淚介）

張　直到四月初三日。禮部奉了僞旨。將梓宮擡送皇陵。我執旛送殯。走到昌平州。虧了一箇趙吏目。糾合義民。捐錢三百串。掘開田皇妃舊墳。安葬當中。下官就看守陵旁。早晚上香。誰想五月初旬。大兵進關。殺退流賊。安了百姓。替明朝報了大讎。特差工部。查寶泉局內鑄的崇禎遺錢。發買工料。從新修造享殿碑亭。門牆橋道。與十二陵一般規模。眞是亙古希有的事。下官也沒等工完。親手題了神牌。寫了墓碑。連夜走來。報與南京臣民知道。所以這般狼狽。

藍　難得。難得。若非老先生在京。崇禎先帝竟無守靈之人。

蔡（問介）但不知太子二王。今在何處。

張　定永兩王。並無消息。聞太子渡海南來。恐亦爲亂兵所害矣。（掩淚介）

藍（問介）聞得北京發書一封與閣部史可法。責備亡國將相不去奔喪哭主。又不請兵報仇。史公答了回書。特著左懋第披麻扶杖。前去哭臨。老先生可曉得麼。

張　下官半路相遇。還執手慟哭了一場的。

（內作大風雷聲介）

店主（掌燈急上）大雨來了。快些進房罷。

衆（起以袖遮頭入房介）好雨。好雨。

張　天色已晚。下官該行香了。

蔡（問介）替那箇行香。

張　大行皇帝。未滿週年。下官現穿孝服。每早每晚。要行香哭拜的。（取包裹出香鑪香盒設几上介）（洗手介）（望北兩拜介）（跪上香介）大行皇帝呀。大行皇帝呀。今日七月十五日。孤臣張薇叩頭上香了。

（內作大風雷不止介）

張（伏地放聲大哭介。）

藍（呼蔡介）過來。過來。我兩箇草莽之臣。也該隨拜舉哀的。

（藍蔡同跪陪哭介。）（哭畢俱叩頭起又兩拜介。）

藍　老先生遠路疲倦。早早安歇了罷。

張　正是。各人自便了。

（各解行李臥倒介。）

藍　窗外風雨。益發不住。明早如何登程。

張　老天的陰晴。人也料他不定。

蔡（同介）請問老爺。方纔說的那些殉節文武。都有姓名麼。

張　問他怎的。

蔡　我小鋪中要編成唱本傳示四方叫萬人景仰他哩。

張　好好。下官寫有手摺。易日取出奉送罷。

蔡　多謝。

藍　那些投順闖賊不忠不義的姓名。也該流傳叫人唾駡。

張　都有鈔本。一總奉上。

蔡　更妙。

（俱作睡熟介。）

（內作衆鬼號呼介。）

張（驚聽介）奇怪。奇怪。窗外風雨聲中。又有哀苦號呼之聲。是何物類。

雜（扮陣亡厲鬼跳叫上。）

張（隔窗看介）怕人。怕人。都是些沒頭折足陣亡厲鬼。爲何到此。

（衆鬼下。）

張（睡倒介。）

（內作細樂警蹕聲介。）

張（驚聽介）窗外又有人馬鼓樂聲。待我開門看來。（起看介。）

雜（扮文武冠帶騎馬旙幢細樂引導帝后乘輿上。）

張（驚出外迎介）萬歲。萬歲。萬萬歲。孤臣張薇恭迎聖駕。

（衆下。）

張（起呼介）皇帝皇后。何處巡遊。我孤臣張薇不能隨駕了（又拜哭介。）

藍蔡（醒問介）天已發亮。老爺怎的又哭起來。想是該上早香了。

張（掩淚介）奇事。奇事。方纔睡去。聽得許多號呼之聲。隔窗張看。都是些陣亡厲鬼。

藍 是了。昨夜乃中元赦罪之期。想是赴盂蘭會的。

張　這也沒相干。還有奇事哩。
蔡　還有什麼奇事。
張　後來又聽的人馬鼓吹之聲。我便開門出看。明明見崇禎先帝同着周皇后乘輿東行。引導的文武官員。都是殉難忠臣。前面奏着細樂。排著儀仗。像箇要昇天的光景。我伏俯路旁。送駕過去。不覺失聲大哭起來。
藍　有這等異事。先皇帝先皇后自然是超昇天界的。也還是張老爺一片至誠所感。故此特特顯聖。
張　下官今日發一願心。要到明年七月十五日。在南京勝境。募建水陸道場。修齋追薦。並脫度一切寃魂。二位也肯隨喜麼。
蔡　老爺果能做此好事。俺們情願搭醮。
張　好人。好人。到南京時。或買書。或求畫。不時要相會的。
蔡　正是。
藍　大家收拾行李。前路作別罷。

（各背行李下介）

雨洗雞籠翠。江行趁曉涼。
鳥嘑荒冢樹。槐落廢宮牆。

帝子魂何弱．將軍氣不揚．
中原垂老別．慟哭過沙場．

（註一）藍田叔詳第二十八齣．
（註二）蔡益所事蹟無考．
（註三）張薇詳第三十齣．